...Z EVLENİYORUZ
...TLU EVLİLİK MUTLU YUVA-
VEHBİ VAKKASOĞLU

بسم الله الرحمن الرحيم

Rabbim yeni kurmuş olduğunuz yuvanızda Huzur ve Mutlu hayatlar Nasib etsin.

16.03.2013
Muhiddin Akkuroz

Vehbi Vakkasoğlu
www.vehbivakkasoglu.net
e.mail:vehbivakkasoglu@mynet.com

Biz Evleniyoruz
(Nikah Şekeri)

Türdav Yayın Grubu
Adına Editör Mehmet Dikmen
Baskıya Hazırlık Türdav Ajans
Baskı ve Cilt Erkam Matbaacılık
İkitelli Organize Sanayi Bölgesi
Turgut Özal Caddesi 117/4 Başakşehir/İstanbul
tel: 0212 671 07 00 fax: 0212 671 07 17
e-mail: info@erkammatbaasi.com
sertifika no: 10689

İstanbul / 2012
ISBN 978-975-6476-46-8

Yayıncı Sertifika No: 16440

TÜRDAV YAYIN GRUBU

Göztepe Mh. Mahmutbey Yolu Orhangazi Cd. No:16 Bağcılar / İSTANBUL
Tel: (0212) 446 08 08 (pbx)   Fax: (0212) 446 00 15 - 90
www.cihanyay.com • bilgi@cihanyay.com • www.kitapkutusu.com

© "Cihan" markası ile üretilen bu eserin basım ve yayın hakları
Türdav Basım ve Yayım Ticaret ve Sanayii A.Ş.'ye aittir.

EVLENİYORUZ
(Nikah Şekeri)
–MUTLU EVLİLİK MUTLU YUVA–

VEHBİ VAKKASOĞLU

Cihan
Yayınları

Bu eseri, evlilik konusundaki tecrübelerimi kendisinden kazandığım 34 yıllık eşime sevgiyle adıyorum.

A. Vehbi Vakkasoğlu

İÇİNDEKİLER

Bu Eser Nedir?...7
Nikahta Kerametvardır..9
Nikaha Giden Yol: Eş Seçimi...14
Evlilik Fedakarlıktır..17
Nikahı Kolay Kılmak..21
Nasıl Bir Düğün?...22
Evlilik İbadettir..24
İlk Gece..26
Evlilik Hayatı Cinsellikten İbaret Değildir..........................32
Mutluluğa Giden Yol...34
1- Kul Kusursuz Olmaz...36
2- Birlikte Kızmayın!...38
3- Nasibinize Razı Olun..39
4- Hayırlı Mü'min Geçimsizlik Etmez................................41
5- Eş Duası Makbuldür...41
6- Evlilik, Vererek Alma Sanatıdır....................................42
7- Sevgi Daima Beslenmelidir..43
8- Seven Affeder...44
9- Mutluluk Tam Olarak Anlaşmaktır...............................44
10- Dinlemek Dinlendirir...45
11- Birlikte Değil, Sırayla Konuşun...................................46
12- Ayrıntıları Farkedin...47
13- Eşini Elinde Değil Gönlünde Tut.................................49
14- Kıskançlığın Çoğu Zarardır..50
15- Sevgi Başkasına Baktırmaz..53
16- İşi Eve Taşıma!..53
17- Müşteri mi, Eş mi?..54
18- Kazak Ya Da Taş Fırın Erkeği mi?..............................57
19- Özel Günleri Hatırlayın...58
20- Eşine Cariye Olan, Onu Kölesi Eder...........................58
21- Aile Sırları Aranızda Kalsın...59
22- Eşinizi Başkalarıyla Kıyaslamayın..............................60
23- Eşinizin Yakınlarına Yakınlık Gösterin........................61
24- Zevkler, Renkler, Düşünceler Başka Başka Olabilir...62
25- Hanımlar Ekonomik Özgürlük Sahibidir......................63
26- Evlilik Dikensiz Gül Bahçesi Değildir..........................64
27- Kendinizi Eşinizin Yerine Koyun..................................65
28- Eşinize Karşı Yalansız Olunuz....................................66
29- Özür Dileyin!...67
30- Teşekkür Edin...68
31- Doğruyu Doğru Şekilde Söyleyin................................69

BİZ EVLENİYORUZ

32- Öfke Deliliktir Kavga Doğurur 70
33- Hediye Sevgidir, Sevgi Hediyedir 71
34- Sevgi Ayıp Değildir, Saklamayın 72
35- Evlilik Ağacının Meyvesi Çocuktur... 74
36- Aile Dürüst Bir Çevrede Huzur Bulur... 75
37- Çok Para, Çok Mutluluk Değildir... 76
38- Kötü Alışkanlıklar Mutluluğa Engeldir 80
39- Eş Olmaktan Önce Kul Olmak Gerek 81
40- Aile Meclisi Büyük Millet Meclisi'nden Daha Önemlidir...... 82
41- Maddi Açıdan Daha Aşağıdakilere Bakmalı......................... 84
42- Evham Verecek Şeyleri Anlatmamalı...................................... 84
43- Hitap Şekliniz Sevginizi Yansıtmalı 86
44- Evlilik, Paylaşma Sanatıdır... 88
45- Yöre Ve Yemek Farkı Farketmemeli.. 89
46- Eşinizle Şakalaşın.. 91
47- Dışarıdaki Kadınlarda Olan, Eşinizde De Vardır 92
48- Tenkitten, Kıskançlıktan, Nazardan Sakınmalı.................... 94
49- Hayat Müşterektir 96
50- Eşinize Hayır Demeyin... 97
51- Aradığınız Özellik Önce Sizde Bulunsun 101
52- Eşinizin Zayıf Tarafına Gülmeyin 102
53- Özlemek Güzeldir.. 103
54- İyi Komşu Ailedendir 104
55- Hayat Bu Andır... 105
56- Hatayı Önce Kendinde Ara 107
57- Evlenenler Ev Sahibi Olmalı 108
58- Anne Ya Da Baba Olmaya Hazır Mısınız? 109
59- Dırdırcı Olmayın... 110
60- Barışmayı Beceremeyenler Kavga Etmemeli................... 114
61- Her Hak Sahibine Hakkını Ver.. 116
62- Laf Taşıyanlara Kulaklarınızı Kapatın 118
63- Ekranlar Karartılmadan Gönüller Aydınlanamaz............. 119
64- Dünyevi İsteklerini Sınırlayan Mutluluğunu Çoğaltır 121
65- İsrafcı Olmayın... 123
66- Boşanmayı Hayalinize Bile Getirmeyin 127
Eş Sevgisinin En Güzel Örneği: Güzeller Güzeli 131
Kaynana Ne Demek? 144
Kayınvalideler Ne Yapmalı? 148
Gelinlere Düşen Görevler 154
Beyler Ne Yapmalı? 157
Kayınvalidem Olur Musunuz? 161
Ev Hanımı Çalışmalı mı? 165
Hanımların Hoşlanmadığı Üç Şey 169
Mutlu Olmak İçin Hanımlar Ne Yapmalı? 174

BU ESER NEDİR?

Bu kitap, evliliği düşünenler için, bir aydınlatma ve uyarıdır.

Evliliğe hazırlananlar için, bir rehberdir.

Evliliği iyi yürütenler için, bir takviyedir.

Evliliği sarsılanlar için, başvurulacak iyi bir dosttur.

Ve yuvada mutluluğu yakalamak, çoğaltmak ve gelecek nesillere yaymak için, bir tavsiyeler bütünüdür.

Bu çok önemli konular; özetlenerek, sohbet üslubunda ve sözü dolaştırmadan sunulmuştur.

Zira, 40 yıllık bir birikimin ürünü olan bu eserin, bir evlilik ehliyetnamesi olması istenmiştir.

İnsanlar, araba kullanmak için gerekli bilgileri edinmek, sonra da imtihana girip başarmak zorundadırlar.

Peki, aile kurmak için de bilinmesi gereken temel bilgiler yok mudur?

Elbette vardır ve bu bilgiler, şoför olmak isteyenlerin öğrenmeleri gerekenden çok daha kıymetli ve gereklidir. Çünkü ehliyetsiz araba kullananlar, kaza yaparlarsa; kendisine, arabasına ya da başka canlara kıyabilirler.

Ama evlilik ve ailede mutluluk kurallarını bilmeden evlenenler, soylarından gelecek herkesin maneviyatına zarar vermiş olurlar. Trafik kazasında ölen iyi insanlar manen şehit olurlar. Aile kazasında maneviyatlarından olanlar ise, iki dünyada da perişan hale düşerler.

Dolayısıyla, aile kazası, trafik kazasından daha çok tehlikelidir.

İşte bu sebeble diyoruz ki:

Aile kurmak isteyenler de, belli bir imtihandan geçerek diploma almalıdırlar. Böylece evliliğe hazır ve ehil olduklarını göstermelidirler.

BİZ EVLENİYORUZ

İşte bu kitap, evlilik imtihanına gireceklere, başarı sağlasın diye yazılmıştır.

Bu eserde evliliği, aile mutluluğunu, anlaşmayı, kaynaşmayı ve bir ömür sevgiyle birlikte yaşamayı özetlemeye çalıştık.

Dilerim ki, bu eser, evleneceklere bir yol gösterici, evlenmekte olanlara bir rehber,

ve de eski evlilere, bir yenilenme heyecanı olur.

Evlenecek olanlar ve evliler, önce kendilerini, sonra da birbirlerini bu kitapla imtihan etsinler, denesinler, sınasınlar.

Böylece yeniler, evliliğe daha güvenli adım atacaklar; eskiler de, daha mutlu yeni bir sayfa açacaklardır.

* * *

Allah, evlenecek olanları iyilerle karşılaştırsın.

Şerden ve şerlilerden uzaklaştırsın.

Gerçek bir sevgiyle birbirine bağlanacak olanlara, nikah nasip etsin.

Evlilere de, nikahın hakkını verdirsin.

Eşleri birbirine sevdirsin.

Sevgi dolu yuvalardan, sevgi dolu yürekler yetiştirsin.

Son kalemiz olan ailemizi korusun ve kurtarsın.

* * *

Bütün okuyucularıma, selam, saygı ve sevgilerimi sunarım.

A. Vehbi Vakkasoğlu
31.01.2005
Bahçelievler-İstanbul

NİKAHTA KERAMET VARDIR

Nikah, insan hayatının en önemli dönüm noktalarından biridir. Çünkü, o ana kadar ayrı ayrı yaşayan iki insan, nikahtan sonra, hayatlarını birleştirmiş oluyorlar.

Nikahlananlar, artık her konuyu iki kişilik düşünmeli ve hesap etmelidir.

Zira, sadece bir evi değil; artık gönüllerini, sevgilerini ve kararlarını da paylaşırlar.

Nikah, iki insanı, böylesine tek yapar.

Artık ben değil, biz anlayışı vardır.

İki ayrı vücut, iki ayrı kalp, iki ayrı ruh; maddesiyle de, manasıyla da birleşmiş ve bir bütün oluşturmuştur.

İşte bu birliğin adına, evlilik diyoruz.

Sevgi ile bir araya gelmiş olanlar için evlilik, katlanılması gereken bir zorunlu iş değildir. Dünya hayatının en tatlı ve huzurlu halini yakalamaktır.

Zira, gerçek bir sevgiyle bir araya gelen eşler, Cennet'in bir misalini, daha dünyada iken yaşamaya başlarlar.

İyi bir iş ve iyi bir eş bulmak, dünya hayatının en büyük mutluluğudur.

Zaten, evinde ve eşinde, gerçekten mutluluğu yakalayan insan, dışarıda da iyi bir insan olur. Evini bir Cennet

İki cihanda sürecek bir birlikteliğe imza atanlar, artık dört gözle bakar, dört kulakla dinler ve iki akılla düşünürler. Ama en önemlisi, tekleşmiş bir gönülle sever; beni, seni bırakır, BİZ olurlar.

köşesine çevirememiş olanlar, dışarıda da hiç mutlu olamazlar.

Bu sebeble, mutlu bir aile yuvası kurmak demek, mutlu bir toplum meydana getirmek demektir. Çünkü mutluluğu doya doya yaşayan anne ve babalar, mutlu çocuklar yetiştirirler.

Birbirini seven anne babaların çocukları da birbirlerini severler. Sonra da sevgi dolu yüreklerini, kuracakları yeni yuvalara taşırlar.

Böylece mutluluk, yuvadan yuvaya kesintisiz bir biçimde sürer gider.

* * *

Atalarımız, "Nikahta keramet vardır" demişler. Gerçekten de, nikahla başlayan evlilik hayatı, insanı rastgele yaşamaktan kurtarır; hayatına düzen ve tertip getirir.

Evlenen insan, tek başına yaşamayı, yalnız kendi düşüncesine göre kararlar almayı bırakır. Artık bir hayat arkadaşı vardır. Onunla herşeyi konuşmalı, danışmalı ve paylaşmalıdır.

İnsanın en önemli ihtiyacı, kalbine karşı bir kalbin bulunduğunu bilmesidir. Kalbine karşı bir kalp bulmuş olanlar, beraber ağlayıp, birlikte gülerler.

Candaştırlar, sırdaştırlar ve iki cihanda arkadaştırlar.

Nikah, böyle bir sözün verilmesi ve sonsuza giden yolda, bozulmayacak bir arkadaşlık anlaşmasına imza atılmasıdır.

Nikaha atılan imza, sevinçte ve üzüntüde beraber olmanın, hayat süresince sevgiye sadık kalmanın imzasıdır.

MUTLU EVLİLİK MUTLU YUVA

İki cihanda sürecek bir birlikteliğe imza atanlar, artık dört gözle bakar, dört kulakla dinler ve iki akılla düşünürler. Ama en önemlisi, tekleşmiş bir gönülle sever; beni, seni bırakır, BİZ olurlar.

Böylece sevgi denizine dalarlar, sevgi havası solurlar ve hayatlarını sevgiden ibaret hale getirirler.

Yıllar geçtikçe, bu sevgi daha da derinleşir, zenginleşir ve yürekleri kopmayacak bir biçimde birleştirir.

* * *

Bir eşin en önemli meselesi, hayat arkadaşını nasıl daha çok mutlu edeceğini düşünmektir. Çünkü, mutluluk sunuldukça çoğalır, bereketlenir, artar.

Mutluluğu ilk veren, daha çok alır. Aile fertleri, birbirini mutlu etmeye uğraşırken, mutluluğu yakalar. Zira, verilen mutluluk, daha fazlasıyla verene döner.

İşte bu düşünce sebebiyle, evlilik insanı fedakarlığa alıştırır, verici yapar. Verirken almaya alıştırır. Bu güzellik bir türkümüze mısra olmuştur.

> Aşık, sevdiği kadına şöyle seslenir:
> "-Sen yedikçe ben doydum."
> Bu nasıl olur?
> Çünkü sevgi ikiyi bir eder.
> Sevdiği yer, seven doyar.
> Sevdiği içer, seven susuzluğunu hissetmez.
> Sevdiği hasta olur, seven acı çeker.
> Sevdiği ölür, seven yarım kalır.
> Evlilik, daima, en az iki kişilik düşünmektir.

* * *

Böylesine bir sevgiyle, kendisine yönelmiş bir gönülün varlığını, hemen yanında, yanıbaşında hissetmek, insanın en büyük mutluluğudur.

İçten ve candan bir sevgiyle eşine açılmış olan gönül, üzüntülü zamanlarda sığınılacak en güzel limandır.

Eş sinesi, sevinçleri paylaşıp çoğaltmak için koşulacak bir mutluluk adasıdır. Güçsüz anda güç kaynağı ve hastalıkta ilaçtır.

Seven bir eşin yüreği, mutluluğun bütünüyle yaşanacağı tek alandır.

Bu gönül zenginliğini hakkıyla yaşayan dostlarımdan biri, çok sevdiği eşini, bir kaç günlüğüne, arkadaşlarıyla yapacağı bir geziye göndermiyordu. Sebebini sorduğumda, seven yüreğini şöyle konuşturmuştu:

"-Eşim bir yere gittiğinde, evimizin havasını ve ışığını da birlikte alıp götürüyor. Ben de, ürküntü veren bir karanlıkta, yapayalnız, havasız ve nefessiz, kalıyorum."

Bu ne derin bir sevgiydi.

Aslında, nikahın en büyük kerameti, işte bu sevgidir.

Bu sevgi, dünyanın en tatlı ve lezzetli şekeridir. Bu şekerden daha şeker olan sevgiyi tadanlara, nikah şekeri gerekmez.

Çünkü onlar, tadı hiç geçmeyecek bir manevi şekeri tatmışlardır.

Tadı hiç geçmeyen ve tam tersine gittikçe çoğalan bu lezzet, yakınlarını ve çevresindeki dostlarını da etkiler. Çünkü mutluluk, güneş ışığı gibidir. İnsan seçmeden herkese ısı ve ışık verir.

Bu muhteşem tada, lezzete ve huzura ulaşamayanlar ne kadar bahtsızdır. Bakınız bu bahtsızlar, çözümü nerelerde arıyorlar?

Sadece bir örnek. Japonya'da, Trane KK adlı bir şirket, erkekler için "kucak yastıkları" üretmiş. Bu yastıklar, diz üstü oturan bir kadının, belden aşağısı şeklinde, köpükten tasarlanmış. Özellikle de eşi olmayan erkekler, bu yastıkları çok rahatlatıcı buluyorlarmış. Habere eklenen fotoğrafta bu yapma kadın kucağına başını koyup rahatlamaya çalışan bir erkek başı görülüyor.

Bu yapma kadın kucakları, pahalı fiyatına rağmen, Japonya'da en çok satılan yılbaşı hediyesi olmuş.

Düşününüz ki, Japonya'nın aile yapısı Avrupa ve Amerika'ya göre çok sağlamdır. Buna rağmen, artık Japon erkeği, başını koyacağı yapma kadın kucaklarına koşuyor.

Demek ki, nikahla ruh ve beden birliği kurmak ne büyük bir nimettir. Sevilen bir kadın kucağının vereceği huzuru, hangi yapma kucak verebilir?

Evet, insanı dinlendiren ve doyuran huzuru, ancak nikahın birleştireceği gönüller bulur.

Bütün duygulu insanlar bu huzuru aramışlardır. Mesela Şairler Sultanı, bu özlemini şöyle şiirleştirir:

"-Ne olurdu, bir kadın, elleri avucumda,

Bahsetse yaşamanın tadından başucumda,

Mırıl mırıl,

Mırıl mırıl..."

Ama nasıl?

Nikaha giden yolda nelere dikkat edilmelidir?

NİKAHA GİDEN YOL: EŞ SEÇİMİ

Evlilikte mutluluk ve sevgiyi yakalamak için, işe eş seçiminden başlamak gerekir. Çünkü: "Evlenmeden önce, gözünüzü dört açarsanız, evlendikten sonra yarı yarıya kapatabilirsiniz..."

Eş seçiminde, en önde gelen şart, sevgi dolu bir yürektir. Seven bir kalbi olmak, eş olma yolunda en önemli özelliğe sahip olmak demektir.

Seven bir gönül, para dolu bir kasadan, düzinelerle tapudan, parmakla gösterilen güzellikten daha önemlidir.

Seven bir gönül, sevgi dolu bir yuvadan yetişir. Birbirlerini seven anne babaya sahip olmak, sevgi okulunda en etkili dersi görmek demektir.

Atalarımız, "Anasına bak, kızını al; kenarına bak bezini al" demişler.

Eş seçiminde, adayın aile yapısına, özellikle de annesine dikkat çekmişler. Elbette ki eşiniz olacak delikanlının annesine bakmakta da yarar vardır. Çünkü, insanın ilk sevgi okulu, ailesidir. Sevginin ilk öğretmeni de annedir.

Annenin şefkat deryası olan gönlü, eğer onu gerçekten seven bir babaya dayanıyorsa, evini bütünüyle sevgi rengine boyar.

Uygun eşi seçtikten sonra, sevgi niyetini sağlam ve sağlıklı yapmalıdır. Her ibadetin bir niyeti vardır. Niyetsiz ibadet olmaz.

Evlilik de sevgi ibadetidir. Onun niyeti de doğru olmalıdır.

Evlenen, öncelikle, Allah'ın emrini yerine getirdiğini unutmamalıdır. Evlilik kurumunu tavsiye eden, Rabbimiz'dir. Bu emri en güzel uygulayan ve örnek olan ise Peygamber Efendimiz'dir.

Allah'ın emri, Peygamberi'nin adet ve uygulaması olduğu için yapılan evlilik, doğru niyeti bulmuştur. Bu niyette benlik ve bencillik yoktur. Kendi koyduğu kurallar değil, Yüce Yaratıcı'nın emrettiği ölçüler vardır.

Bu ölçüler de, adaleti, vicdanı, merhameti öne çıkarmaktadır.

Niyet doğru ve samimi olunca, uygulama da güzel sonuçlar verecek, aile ocağı bir saadet yuvasına dönüşecektir.

Daha aile yuvası kurulurken, niyetini bozanlar, evliliği maddi bir alışveriş düzeyine indirenler, asla gerçek mutluluğu yakalayamazlar. Kendi şahsi duygularını öne çıkaranların değer ölçüleri hep şekil, biçim ve maddedir.

Mesela, güzel bir kız ararlar. Ya da yakışıklı bir erkek... Hep kaşa göze, boya posa dikkat ederler.

Meslek, kariyer, makam mevki ve ille de para pul, daima çok önemli görünür. Evi, arabası, önemli bir makamı, çok sıfırlı banka cüzdanları ve zengin bir ailesi var mı?

Bilinmelidir ki, bütün bu maddi varlıklar, ancak sağlam bir ahlakla ve seven bir yürekle birlikte olduğu zaman anlamlıdır.

Para ve servet, uygun kullanıldığı zaman, mutluluğa olumlu bir katkıda bulunabilir. Ancak, para ve maddi zenginlikler, tek başına mutluluğun sebebi olamaz. Bir çok genç, eş seçiminde, ahlak ve karaktere bakacağı yerde, kayınpederinin zenginliğine bakarak karar ver-

insanın ilk sevgi okulu, ailesidir. Sevginin ilk öğretmeni de annedir.

diği için, pişman olmuştur.

Her zengin, aynı zamanda çok mutlu bir insan değildir. Tam aksine, para ve maddi varlık, kafa ve kalp seviyesi uygun olmayan bir çok insanın başına bela olmuştur.

Öyleyse eş seçerken esas ölçü, zenginlik olmamalıdır. Maddeten fakir ama, yürekçe zengin ve mutlu nice insan vardır.

Seçilecek eşte ilk aranan, doğruluk, dürüstlük, yalansızlık ve seven bir yürektir.

Elbette ki insanı seven, önce her şeyin sahibi ve yaratıcısı olan Yüceler Yücesi'ni sever. Allah sevgisi, insan sevgisinin de garantisi ve güvencesidir.

Allah'ı seven, herkesi ve her şeyi sever. Çünkü Allah'ı gerçekten sevenin örneği Efendimiz'dir. O'na benzeyen ise, sevgi dolu yüreğinde herkese ve her şeye yer ayırır. O'ndan eser ve işarettir diyerek, varlığın bütününü sever.

Sevilecek varlıklar dünyasında, elbette ki, eşi ve çocukları ilk sırada gelir.

Bir ibadet şevki içinde, insan eşini ve çocuklarını sever. Bu geçici bir heves değildir. Dünya hayatından sonra, ahirette de devam edecek sonsuz bir sevgi sürecidir.

İşte bu sevgi süreci nikahla başlar.

Gerçek bir sevgiyle iki gönül bir olunca, samanlık saray olur. Nasıl ki sevgisizlikle, saray zindana dönüşür; sevgiyle de gecekondu saraylaşır.

Bu yüzden, bir çok insan, saray yavrusu evlerde mutlu olamayıp boşandılar. Bir çok gecekonduda da, mutlu çiftler yaşıyorlar.

Bu da gösteriyor ki, evlilikte mutluluk, sadece para ile sağlanamaz. Bu da gösteriyor ki, para birçok şeyin kabını, kabuğunu verir de, içini, özünü veremez. Mesela para ile ilaç alınır ama, şifa, deva alınamaz.

EVLİLİK FEDAKARLIKTIR

Evlilik niyeti sağlam ise, evlenecek kişi fedakarlığa hazırlanır. Severek seçtiği eşini mutlu etmek için, her alanda, elinden gelen her şeyi vermeyi göze alır.

Ama bozuk bir niyet, insana hep almayı düşündürtür. Böyleleri, kendilerine eş değil, hizmetçi aldıklarını sanırlar. Bekarlıkta bulamadığı rahatlığı ve kolaylığı evlilikte bulmayı isterler. Bunu da hep alarak gerçekleştirmeyi düşünüyorsa, kuracağı yuva tehlikede demektir.

Bazan, karşılıklı olarak eşler hep maddeci bir gözle bakıyorlar evliliğe... Rahatizma hastalığına tutulmuş kişiler, henüz evliliğe hazır olmayanlardır. Bu tür bir kadın, kraliçe olmak istiyor, erkek de kral...

İkisi de, elini sıcaktan soğuğa vurmadan yaşamak istiyor. "Ben hiç bir şey yapmayayım, yorulmayayım. Her işi eşim yapsın" diye düşünürler.

Tabii ki böyle bir niyetle bir araya gelenler, gerçekten aile yuvası kurmuş olmazlar. Çünkü, böylesine bir evlilik niyeti sağlam ve doğru değildir. Dolayısıyla da böyle bir yuvanın ömrü çok kısa olur. Bu konuyu bir ata sözümüz ne güzel açıklar:

"-Sen ağa, ben ağa! Peki bu ineği kim sağa?"

Bu sebeble eşler, hizmette önde, ücrette geride olma yarışını ömür boyu sürdürmelidirler.

* * *

Eş seçerken, büyüklere danışmak ve onların tecrübelerinden yararlanmak oldukça isabetli bir davranıştır.

BİZ EVLENİYORUZ

"Yüzü güzelden usanılır, huyu güzelden usanılmaz."

Ancak, büyüklerin de kendi görüşlerini kabul ettirmek için ısrar etmemeleri gerekir. Son kararı verecek olan, evlenecek kişilerdir. Onlar, kendi seviyelerine uygun ve hoşlarına gidecek bir eşi, kendi hür iradeleriyle seçebilmelidirler.

Evlenecek gencin seçeceği eş için, aklı ikna olmalı, yüreği de ısınmalı.. Elbette ki yüzde yüz bir uyum ve denklik mümkün değildir. Ancak, uygunluk şartları büyük ölçüde bulunmuşsa, fazla hassas da olunmamalıdır.

İyi niyetle ve ibadet duygusuyla verilen eş seçim kararının eksik yanları da zamanla tamamlanacaktır. Çünkü, bir çok araştırma göstermiştir ki, zamanla eşler hem fiziki açıdan, hem de huyları bakımından birbirine benzemektedir.

Bu da, nikahın bir başka kerametidir.

Eş seçerken, "Kırk ölç, bir biç!" prensibi uygulanmalıdır. Evliliği, dönüşü olmayan bir yol olarak düşünmeli, bu sebeble de eş seçiminde acele etmemelidir.

Seçmeyi düşündüğü eşini görmeli, konuşmalı, izlemeli, soruşturmalı... Düşünmeli, danışmalı, araştırmalı, gönlünü yoklamalı, sonra da istihare yapmalıdır.

İstihare, uyanıkken vardığımız sonucu, İlahi bir işaretle de doğrulamak demektir. Ancak, sadece rüya ile de karar verilmeyeceğini bilmek gerekir.

* * *

Güzeller Güzeli Efendimiz de şöyle buyurur:

"-Kadın dört şey için nikah edilir:

1-Malı-zenginliği

2-Soyu-sopu,

3-Güzelliği,

4-Dindarlığı.

Sen, bunlardan dindar olanı araştır, bul; mutlu olursun."

Tabii ki dindarlıktan maksat, öncelikle güzel ahlaktır. Çünkü, "Ben güzel ahlakı tamamlamak için gönderildim" buyuran da Efendimiz'dir.

Güzel ahlakın en önemli dışa vurumu da, seven ve sevilen bir insan olmaktır. Ailesiyle, hısım akrabasıyla, çevresiyle bir sevgi iletişimi kurabilmiş olanlar, eş olarak tercih edilmelidir.

Bilinmelidir ki, "Yüzü güzelden usanılır, huyu güzelden usanılmaz."

Üstelik, yüz güzelliği geçici, huy güzelliği ise kalıcıdır. Akıllı insan, geçici olana değil, kalıcı olana talip olmalıdır. Bu iki güzelliğin kendisinde buluştuğu insanlar ise, tercihte öncelik kazanırlar.

> Güzeller Güzeli, bir başka hadisinde şöyle buyurur:
>
> "-Kadınları, yalnız güzellikleri için nikah etmeyin. Muhtemeldir ki, güzellikleri, onları ahlaki bakımdan alçaltır.
>
> Kadınlarla, mallarının hatırı için de evlenmeyin. Belki malları kendilerini azdırır.
>
> Kadınlarla, dindarlıkları yüzünden evlenin. Muhakkak ki, yırtık elbiseli, siyah, fakat dindar bir kadın, daha kıymetlidir."

* * *

Dünya hayatını, evlenerek, Cennet'e layık bir muhabbetle süslemek, elbette kolay değildir. Her değerli şey gibi, bunun da bir bedeli vardır. Bekar biri evlenince, hakları yarıya düşer, sorumluluğu ise ikiye katlanır. Evlenen insan, kendisini bekar sanmamalı, daima iki kişilik düşünmelidir.

BİZ EVLENİYORUZ

Bekar biri evlenince, hakları yarıya düşer, sorumluluğu ise ikiye katlanır. Evlenen insan, kendisini bekar sanmamalı, daima iki kişilik düşünmelidir.

Böyle durumlarda, özellikle de erkeğin arkadaşları onu kılıbık olmakla itham ederler. Şaka ile karışık bu ithamlara asla önem vermemelidir.

Zaten kılıbık kelimesi, kanı ılık deyiminin dönüşmesinden oluşmuştur. Kanı ılık olmak, hatta daha ötesi, sıcak kanlı olmak, insan için ne kadar güzel, değil mi?

Evlenenler, eski arkadaşlarını da büsbütün ihmal etmeden, evlerinde bir sevgi sarayı kurmalıdırlar.

Sevgi sarayı çok kıymetlidir. Hayatın tadı, tuzu ve gerçek lezzetidir. Bu sebeble her türlü emeğe ve fedakarlığa değer. Sevgi sarayı gönüllerde taş taş örülür. Ve sürekli itina ile desteklenir. Nasıl olsa vardır ve kurulmuştur diye, kendi haline bırakılırsa, zamanla rengi solar, kalitesi azalır ve her türlü tahribata açık hale gelir.

Bütün bu olumsuz gelişmelere aldırış edilmezse, sevgi sarayının bir gün yerle bir olduğu, devrilip gittiği de görülebilir. Sevginin de fay hatları vardır. Her türlü itinaya ve bakıma rağmen yıkılışı önlenemeyen sevgiler de vardır.

Bu sebeble, elden gelen dikkat ve özen gösterilmeli, sonra da Yüce Yaratıcı'ya el ve gönül açarak bu hususta yardım dilenmelidir.

* * *

Güzeller Güzeli, iki cihanın hayrını 4 maddede toplar:

"-Dört şey kime verilmişse, ona dünya ve ahiretin hayrı verilmiş olur:

1-Şükreden kalp, 2-Allah'ı anan dil, 3-Belaya sabreden beden, 4-Namusunda ve kocasının malında hıyanet etmeyen eş."

NİKAHI KOLAY KILMAK

Nikaha giden yoldaki duraklar, evlenecek gençleri yormamalıdır. İşi kolay kılmak, Efendimiz'in emridir. Buyurur ki:

"-Kolaylaştırın, zorlaştırmayın. Müjdeleyin, nefret ettirmeyin"

"-Yaptığınız işlerin en hayırlısı, kolay olanıdır."

Bir yuva kurulurken, gözler manevi olandan çok, maddi olana kaymamalıdır. Kızlar için daha küçük yaşlardan itibaren çeyiz hazırlanır. Bunlar, ailenin imkanlarını aşacak ve altından kalkılamayacak borçlara girmeden hazırlanmalıdır. Erkek tarafı da imkanları ölçüsünde bu hazırlığa katkıda bulunmalıdır. Çeyiz hazırlığı iki aile arasında bir yarışa, kıskançlığa ve kavgaya asla yol açmamalıdır.

İslam'a göre başlık parası diye bir kavram yoktur ama, mehir vardır. Karşılıklı anlaşmayla tesbit edilen bir miktar para, mehir adıyla kıza verilir. Bu paranın miktarı, verecek olanın imkanına göre belirlenir.

Bu sembolik rakam, kızın kaç lira ettiğini gösteren bir para değildir. Sadece ona ve onun haklarına verilen değeri gösteren bir işarettir.

Gelin hanım bu parayı istediği gibi kullanır.

Güzeller Güzeli, Hz. Aişe ile olan evliliğinde, ona 125 koyun alabilecek değerde bir parayı mehir olarak vermişti. Ancak, "Mehir vermek için hiç param yok" diyen bir Sahabe'ye de, şu ilginç tavsiyede bulunmuştu:

"-Evleneceğin kıza (mehir olarak) Kur'an okumayı öğret."

NASIL BİR DÜĞÜN?

Düğün merasimi için de, kolay ve faydalı olan yol seçilmelidir. Düğünler, sevinç ve eğlence zamanıdır. Ancak bu sevinç gösterilerine, içkiyi, silahı ve çevreyi rahatsız eden diğer taşkınlıkları katmamalıdır. İmkanlar dahilinde yemeli, içmeli, eğlenmeli ama, dinimizce haram kılınan hususlardan uzak durmalıdır.

Bir şey nasıl başlarsa, öyle devam eder. Bir olayın nasıl gelişeceğini anlamak için, nasıl başladığına bakmak gerekir.

Güzeller Güzeli de, "İnsan, nasıl yaşarsa, öyle ölür; nasıl ölürse, öyle dirilir" buyurmuştur.

Bazan, tutulan düğün salonunun kalitesi bile, aileler arasında kavgaya ve ayrılıklara sebeb olmaktadır. Bu kadar basit ayrıntılarda bile kavga edenler, evliliğin ne olduğunu anlayamamış basit düşünceli kişilerdir. Sevgiyle, sevinçle kurulacak bir aile yuvasının temeline kavga, gürültü katmak akıl kârı değildir.

Efendimiz, "Düğün yaparak teflerle (çalgılarla) nikahı ilan edin, herkese duyurun" buyurmuştur. Bir başka hadisde de, "Düğün yap, bir koyunla da olsa, ziyafet ver." buyurulur.

Dolayısıyla, düğün yapmak sünnettir. Ancak, Efendimiz, düğün yemeğine de bir takım ölçüler koymuştur:

"-En kötü yemek, o düğün yemeğidir ki, ona zenginler çağırılır, fakirler terkedilir. Kim davete icabet etmezse, Allah'a ve Resul'üne isyan etmiş olur."

Düğün, ne sebeble olursa olsun, kavganın değil, anlaşmanın, uyumun ve sevgiye sevgiyle başlamanın zamanıdır. Bu sebeble, düğün davetine uymayanı, Efendimiz çok ciddi olarak uyarmıştır.

Tabii ki, Efendimiz'in tarif ettiği düğün, çok sade, haramsız ve külfetsizdir. Bu hususta şöyle buyurur:

"-Nikahı, mescitlerde yapın ve ilan edin. Düğünde tef çalın. Helal ile haram arasındaki fark, nikah kıymak, şenlik yapmak ve tef çalmaktır."

Düğünler, sevinç ve eğlence zamanıdır. Ancak bu sevinç gösterilerine, içkiyi, silahı ve çevreyi rahatsız eden diğer taşkınlıkları katmamalıdır.

KÖLELİK DEĞİL, EVLİLİK

İngiliz yazarı Bernard Shaw son yıllarda evinin bahçesiyle çokça uğraşıyordu. Bir gün karısını ziyarete gelen yaşlı bir hanım, onu elinde çapa, iki büklüm halde bahçede çalışırken görünce tanıyamadı. Gözlüklerini düzelttikten sonra:

– Günaydın bahçıvan efendi, dedi. Bernard Shaw'un yanında ne zamandan beri çalışıyorsunuz?

– Kendimi bildim bileli...

– Verdikleri ücret sizi geçindiriyor mu?

– Yalnız yiyeceğimi veriyorlar.

– Bizim de bahçıvana ihtiyacımız var. Bizde çalışırsanız, size yiyecek ve giyecekle birlikte yeterli aylık da verebiliriz.

– Teşekkür ederim bayan. Ne yazık ki ben, Bayan Shaw'a hayat boyu bağlıyım.

– Ama bu kölelikten başka bir şey değil...

– Hayır sayın bayan. Biz buna "kölelik" değil, "evlilik" diyoruz.

EVLİLİK İBADETTİR

Müslüman, evlilik olayına tamamen manevi açıdan ve ibadet olarak bakar. Bütün maddi durum ve şartlar, Müslüman'a göre, daha geride duran ayrıntılardır. İslam Tarihi, bu hususta çok çarpıcı örneklere sahiptir.

Onlardan birini sizlerle paylaşmak isterim:

"-Efendimiz'in devrinde, henüz Müslüman olmamış bulunan Ebu Talha, kadın sahabilerden Hz. Rümeysa'ya evlenme teklif etti. Ebu Talha, Müslüman değildi ama, sağlıklı, yakışıklı ve zengin bir adamdı.

Rümeysa şu cevabı verdi:

"-Doğrusu ben de sana heveslyim. Aslında senin gibi birisi kaçırılmamalı. Fakat sen inançsız bir adamsın. Ben ise, Müslüman bir kadınım. Bu sebeble, seninle evlenmem doğru olmaz."

Bu sözler Ebu Talha'yı şaşırttı.

"-Sana ne oldu Rumeysa?" dedi.

"-Ne olmuş bana, garip bir halde miyim?"

Ebu Talha, sözü zenginliğine getirdi:

"-Sarı ve kırmızıdan (altın ve gümüşten) ne haber?" dedi.

Rümeysa da imanını konuşturdu:

"-Ben, altın ve gümüş aramıyorum. Sen öyle bir adamsın ki, ne işitiyor, ne de görüyorsun... Çünkü, sana hiç bir faydası olmayan şeylere tapıyorsun.

Kölelerin dağdan sürükleyip getirdiği, yerden biten bir odun parçasına (puta) tapmaktan hiç sıkılmıyor musun?

Eğer Müslüman olursan, işte o benim mehrim olsun, evlenelim. Senden, başka bir şey istemeyeceğim."

Ebu Talha, samimiyetle söylenmiş olan bu sözlerden etkilenmişti.

"-Bana Müslümanlığı kim telkin eder, Rümeysa" dedi.

"-Allah'ın Resulü telkin eder, ona git" cevabı üzerine, Ebu Talha yola düştü.

Güzeller Güzeli, ashabı içinde oturmaktaydı. O'nun gelişini görünce şöyle buyurdu:

"-Ebu Talha, İslam'ın aydınlığı iki gözü arasında parlayarak geliyor."

Gerçekten de, Ebu Talha, Efendimiz'in huzurunda, İslam ile şereflenir. Sonra da, Rümeysa'nın sözlerini nakleder. Efendimiz de, Rümeysa'nın şartı üzerine nikahlarını kıyar. Böylece Rümeysa, altın ve gümüş yerine, Ebu Talha'nın Müslümanlığını kabul eder mehir olarak...

İşte, aşkını imana dönüştüren ve bir insanın kurtuluşuna vesile kılan bu mübarek kadın için, Güzeller Güzeli şöyle buyurmuştur:

"-Gördüm ki, Cennet'e girmişim, önümde bir ayak sesi duydum. Bir de baktım ki, Rumeysa!"

Altın ve gümüş sevdasından vazgeçen Hz. Rumeysa, hem iyi bir eş, hem de iki cihanın mutluluğunu kazandı. Yani gerçek kazanca erdi.

Acaba bu örnek bize ne ders veriyor?

Bu güzel örneğin verdiği en büyük dersi, siz güzel gönüllülerin anlayışlarına bırakıyorum.

İLK GECE

Her başlangıç zordur. Evlilik hayatına atılan ilk adım da, fazla heyecan sebebiyle zor olabilir. Ancak, hayatın en önemli bir dönüm noktasında bulunan gençlerin bu heyecanı gayet normaldir. Böyle bir günde heyecan duymamak için robot olmak gerekir. Aslında, evlenen gençlerin ilk geceki heyecanları, bu husustaki tecrübesizliğin, dolayısıyla da iffetli yaşamalarının bir göstergesi olduğu için güzeldir.

Ancak bu heyecanın dozu, yapılması gerekeni önleyecek derecede olmamalıdır. Zaten geleneğimizde bulunan hususlar uygulanırsa, heyecan belli bir seviyede durur.

Gelin de, damat da evliliklerinin bir ibadet olduğunu farketmelidirler. Müslüman'ın evliliği, oyun ve eğlence değildir.

Bu sebeble, gelin de, damat da abdestli olarak buluşurlar. Birbirlerinden önce, Yüce Yaratıcı'ya el ve gönül açarlar. Ayrı ayrı, ya da birlikte iki rekat namaz kılıp, şöyle dua ederler:

"-Allah'ım, Sana hamd ederim. Seni över, yüceltirim. Beni eşime, eşimi de bana hayırlı kılmanı dilerim. Beni, eşimi, anne ve babamı bağışla. Allah'ım, eşimle birbirimizi sevmemizi ve korumamızı nasibet. Allah'ım, rızkımızı helalinden ve bol ver, kazancımızı bereketlendir. Bize faydalı ilim, yararlı işler ve hayırlı çocuklar lutfet. Bize ve ailemize sağlıklı ve mutlu günler yaşat. Bizleri dünya sıkıntılarından ve ahiret azabından koru!"

Daha sonra, damat bey, eşine büyük bir nezaket ve sevecenlikle yaklaşır.

İlk intibalar çok önemlidir. Tenlerin birbirine değeceği o anda damat kendisini kaba, ilkel, nezaketsiz gösterecek hareketlerden dikkatle uzak durur. Çünkü o gece başlayacak ilgi, sevgi ve kaynaşma ömür boyu etkili olacaktır.

Damat, daha önceden tasarladığı kısa bir sohbet ortamı oluşturmalıdır. Bu konuşmada, sevgisini ve birlikte uyacakları kuralları, özellikle de yardımlaşma, dayanışma, sevgi, şefkat ve sadakat gibi konuları dile getirmelidir... Bu kuralları uygulama hususunda eşinden yardım istemelidir.

Eşine de konuşma imkanı vermeli, en azından söyledikleri hakkındaki düşüncelerini sormalı, tek yanlı değil, karşılıklı bir konuşma yapılmalıdır.

Bu ortam, tedirginliği, heyecanı azaltır; yakınlığı artırır, gönülleri ısındırır. Bu durum, çok önemlidir. Çünkü, bazan kadınlarda, heyecandan ve sıkılganlıktan doğan kasılmalar oluşur. Bu kasılmalar, cinsel ilişkiye önler.

Bu durumun normal olduğunu bilmeyenler, kızcağızı uyduruk ithamlarla zor duruma düşürürler. Kimini hasta diye doktora, kimini de sevgisiz ve soğuk diye, boşanmak için mahkemeye götürürler.

Bu tutukluk hali, bazan da erkekte olur. Bunları yanlış anlamamak ve kötüye yormamak gerekir. Genç evliler, sakinleşinceye kadar kendilerine zaman tanımalıdırlar.

* * *

Damat, ilk gecede, kendini kaba, ilkel, nezaketsiz gösterecek davranışlardan dikkatle kaçınmalıdır. Çünkü bu gece başlıyacak ilgi, sevgi ve kaynaşma; ömür boyu etkili olacaktır.

Evliliğin en önemli bir yanı da, cinsellik tarafıdır. Ancak, cinsellik de bilinçli uygulanmalıdır. Erkek iradesine hakim bir tavır sergilemeli, eşini yavaş yavaş ilişkiye hazırlamalıdır.

Birleşmeye hazırlık, sevişmeyle sağlanır. Efendimiz de bu hususa önem verilmesini ister:

"-Eşinizle ilişkiden önce, yatakta şakalaşın, sevişin. Hayvanlar gibi, hemen işi bitirmeyin."

Her iş gibi, bu ilişkiye de, "euzü besmele" çekerek ve "Allah'ım bizi ve bize vereceğin çocuğumuzu şeytan'dan koru" diye dua ederek başlamalıdır.

"-Bu dua ile, eşleri ve olursa çocuklarını, Allah, Şeytan'dan koruyacaktır" buyurdu Güzeller Güzeli...

Yine Efendimiz, bir gün, ibadet sayılan hayırlı işleri sıralarken, "Hatta, eşinizle cinsel ilişkiniz bile, sadaka vermişçesine hayırlı ve yararlı işlerdendir" buyurdu.

Bunu duyan biri dedi ki:

"-Ey Allah'ın Resulü, cinsel isteğimizi doyurmak için yaptığımız iş, nasıl sadaka sayılır da bize sevap kazandırır?"

Güzeller Güzeli, bu soruya, soruyla cevap verdi:

"-Aynı işi, yabancı kadınlarla yaşasanız, günaha girmez misiniz?"

"-Evet, günaha gireriz" cevabını alınca da şu karşılığı verdi:

"-İşte, bu sebeble, nikahlı kadınlarınızla ilişkiniz, fakire sadaka vermişçesine size sevap kazandırır."

Eşler birbirine her zaman olduğu gibi, ilişki sırasında da anlayışlı ve nazik davranmalıdır. Can yakacak, acı verecek kaba hareketlerden sakınmalıdır. Birbirlerini tiksindirici hareketlerden uzak durmalı ve her türlü temizliğe en titiz şekilde uymalıdırlar.

Rabbimiz de, erkeklere, yapıları gereği, cinsel doyumu daha geç yakalayan kadınları düşünmeyi emretmiştir:

"-Onları kendinizden önce düşünün." (Bakara Suresi:223)

> Eşler, dışarıya karşı değil, birbirine karşı süslenmeli, alımlı ve cilveli olmalıdır... Böyle olursa, eşlerin gözleri ve gönülleri dışarıya kaymaz...

Böylece, eşler, ilişkiye birlikte başlamış ve birlikte bitirmiş olurlar. Bu hal, mutluluğu yakalamakta ve birbirlerine ısınmada çok önemli bir adımdır.

Aksi halde, kendisi doyuma ulaşınca, sırtını dönüp uyuyan, eşinin kalbini kırar. Bunu alışkanlık haline getirirse, eşini büsbütün kaybedebilir.

Efendimiz, bu hususta da bencilliği yasaklar:

"-Sizden biri, eşi ile ilişki kurduğunda, onu da düşünsün. Kendisi doyuma ulaşınca, hemen ilişkiyi bitirmesin. Eşi de tatmin oluncaya kadar ilişkiye devam etsin."

Elbette ki hanımı da; giyimi, hali, tavrı, temizliği, kokusu, hülasa bakımlı oluşu ile, eşinin mutluluğuna destek vermelidir. Yatakta tamamen çıplak olunabilir ama, üzerleri örtülü bulunmalıdır.

Eşler, dışarıya karşı değil, birbirine karşı süslenmeli, alımlı ve cilveli olmalıdır... Böyle olursa, eşlerin gözleri ve gönülleri dışarıya kaymaz...

Bakımlı olmak sadece kadının görevi değildir. Erkek de paspallıktan, kirli paslı, pis kokulu olmaktan çıkmalı, eşine hoş gelecek şekilde, kendine çeki düzen vermelidir.

Eşler, birbirinin cinsel isteğine karşı koymamalıdır. Sebepsiz yere, böyle bir davranış sergileyen, eşini kırmaktan öte, büyük bir günah da işlemiş olur.

BİZ EVLENİYORUZ

> "Cinsellik, kadının kocasına olan sevgisini ve onu gönülden kabul ettiğini, onunla evliliğinden dolayı mutluluğunu ifade etmesinin etkili bir yoludur. Bu bakımdan, cinsel isteği geri çevrilen erkeğin benliği yaralanır."

Güzeller Güzeli, bu hususta şu ikazı yapar:

"-Erkek, eşini yatağa çağırdığı zaman, hanımı kabul edip gelmezse, sabahlayıncaya veya kocasının yatağına dönünceye kadar, melekler onun rahmetten uzak kalmasını dilerler."

Hanımıyla cinsel mutluluğu yakalayan bir erkeğin, kolay kolay gözü dışarıda olmaz. Ayrıca hanımlar bilmelidirler ki, "Cinsellik, kadının kocasına olan sevgisini ve onu gönülden kabul ettiğini, onunla evliliğinden dolayı mutluluğunu ifade etmesinin etkili bir yoludur. Bu bakımdan, cinsel isteği geri çevrilen erkeğin benliği yaralanır."

Efendimiz'in eşi olan Hz. Aişe annemiz, bu husustaki hassasiyetini şöyle ifade etmiştir:

"-Ramazan'dan kalma oruç borçlarımı, başka aylarda kaza etmiyordum. Ancak, Resulullah'ın (s.a.) daha çok oruç tuttuğu Şaban ayında kaza ediyordum."

O güzel Cennet Hanımefendisi'nin inceliği çok ilginçtir. Ola ki Efendimiz, kendisiyle olmak diler diye, kaza orucunu, daha uygun vakte bırakıyordu.

Bu sebeble, Ramazan dışında nafile oruc tutmak isteyen hanımlar, eşlerinin rızasını almalıdırlar.

Birbirlerini böylesine düşünen eşler arasında, hiç kırgınlık, kızgınlık, ayrılık, gayrılık olur mu?

* * *

Aile muhabbetini sağlamakta önemli bir rolü olduğu için, hanımlar eşlerine karşı çok cömert olmalı, "Bugün git, yarın gel" dememelidir. Ancak beyler de hanımlarına anlayışlı olmalı; ay halini, özürlerini, hastalıklarını, yorgünlüklerini hesaba katmalıdırlar.

Ancak, her güzel şeyin azı karar, çoğu zarardır. Cinsellik de böyledir. O hususta aşırıya gidilmesi de, hem bedene, hem ruha zarardır. Çünkü insan cinsellikten ibaret değildir. Daha bir yığın zevk ve sevinç kaynağına sahiptir.

Aklını, kalbini, ruhunu işletmeyip, evlilik hayatını sadece beden olarak yaşayanlar, seviyesizliklerini göstermiş olurlar.

Güzeller Güzeli, cinsel ilişkide aşırıya kaçanları da şöyle uyarır:

"-Suyunu israf ederek, Allah'a isyan etmekten sakın. Çünkü o (israf ettiğin cinsellik suyu) gözlerinin feri ve dizlerinin dermanıdır."

TAKVİM

Bütün zamanlarını kitapla geçiren bilim adamından karısı çok şikayetçiymiş. Bir gün kocasına:

– Keşke ben de bir kitap olsaydım, o zaman benimle daha çok ilgilenirdin, demiş.

Bu düşünce, bilim adamının hoşuna gitmiş. Karısına:

– Ne iyi olurdu, demiş. Ama bir takvim olsaydın keşke...

– Takvim mi? Neden takvim?

Bilim adamı eklemiş:

– Her yıl yenilenirdin de, onun için...

EVLİLİK HAYATI CİNSELLİKTEN İBARET DEĞİLDİR

Seviyeli eşler, cinsellik dışında ne yaparlar?

Biribirlerinin işlerine yardım ederler.

Sevginin, fedakarlık olduğunu isbatlarlar.

Sohbet ederler.

Yürekten, candan, içten konuşurlar, göze bakıp, kalbe seslenirler.

Neşeyle yer aldıkları bir sofrada, yiyeceği, içeceği paylaşır, lezzeti çoğaltırlar.

Şair'in, "Sen yedikçe, ben doydum" mısraını gerçekleştirirler.

Birlikte yürürler, elele.

Her adım onları mutluluğa biraz daha yaklaştırır.

Beraber okurlar kitabı, varlığı ve bütün bir hayatı...

Kulluğu da birlikte yaparlar. Beraber el ve gönül açarlar Yüce Mevla'ya...

Birlikte güldükleri gibi, birlikte ağlarlar. Bilirler ki, birlikte ağlamak kadar iki insanı birbirine yaklaştıran başka bir şey yoktur.

Büyükleri, sevgi ve saygıyla ziyaret ederler. Akmakta olan dua çeşmelerinden doldururlar gönül kaplarını.

MUTLU EVLİLİK MUTLU YUVA

Kafalarını da saygı değer büyüklerin tecrübeleriyle zenginleştirirler.

Hastaları olmasa da, hasta ziyaretine giderler.

Komşuluğu unutmazlar. Selam vermeyene de selam verir, hal hatır sormayana da, güler yüzlerini gösterirler.

Dünyalarını değiştirmiş olanları da unutmazlar. Önden gitmiş olanlara uğrar, manevi hediyelerini sunarlar; gafletten kurtulmuş olarak ibretler alarak yuvalarına dönerler.

Kültürel çalışmalara katılırlar; konferanslara, sohbetlere, derslere giderler.

Yardım faaliyetlerini desteklerler.

Huzur evlerinde huzursuz yaşayanları da unutmazlar.

Kimsesiz çocuklarla ilgilenirler.

Bu ve benzeri faaliyetlerde birbirlerini desteklerler. Bu suretle kalpleri, kafaları, daha pek çok konuda bir ve beraber olur ve daha fazla aileleşirler.

NİÇİN MUTLU DEĞİLMİŞ?

Genç kadın evleneli altı ay olmuştu. Arkadaşlarından biri sordu:

– Nasıl, mutlu musun evlilikten?

– Şöyle böyle.

– Ne demek o canım? Mutlu musun, değil misin?

– Nasıl söyleyeyim şekerim... Kocam pek becerikli bir adam değil de...

– Ne diyorsun? Vah zavallı... Yoksa...

– Bak meselâ dün gece ne yaptı: Gömleğinin bir düğmesini dikecekti, ipliği iğneye geçirmeyi beceremedi. Ben yardıma mecbur kaldım... Olur mu bu kadar acemilik canım?

MUTLULUĞA GİDEN YOL

Evlilik, iki ayrı insanı bir araya getirmektedir. Hem de bir daha ayrılmamak ve iki cihanda bir ve beraber olmak üzere... İki ayrı ve başka cinsten insan, ömür boyu geçinecekler ve üstelik mutluluğu da yakalacaklar...

Bu zor, ama ve zevkli işi nasıl başaracaklar?

Aslında, her iki cinsin yaratılış amacı bir araya gelmek ve birbirini bütünlemektir. Biri, diğerinde olmayanı ona vererek, ayrılmaz bir bütün olacaklar. Bu bütünlükte huzur ve mutluluk bulacaklar.

Asıl üzüntü ayrılıkta ve bir araya gelememektedir.

Yalnızlık Allah'a mahsustur.

İnsan, aciz ve zayıf bir varlıktır. Bu acizliği ve zayıflığı sebebiyle, tek başına olamaz. İhtiyaçlarını yalnızca kendisi gideremez. Hele de, gönlüne karşılık bir gönül bulamadan mutluluğa eremez.

İlk atamız Hz. Adem, Cennet'te bile yalnız olamadı. Her türlü güzelliğin ve ikramın sel gibi aktığı bir dünyada dahi, kendisine bir arkadaş istedi.

İşte, Hz. Havva annemiz bu duanın kabulü üzerine yaratıldı. Yani yaratılan ilk kadın, ilk erkeğin, Rabbi'ne yakarışıyla varedildi. Dolayısıyla erkeğin, kadını hor ve hakir görmesi mümkün değildir.

Rabbimiz, bu iki cins birbiriyle tam uyuşsun, anlaşsın, kaynaşsın diye; Hz. Havva annemizi, Adem babamızın varlığından yarattı. Hz. Adem de, kendi vücudundan yaratılan, dolayısıyla kendi varlığından bir parça olan Havva'ya hiç yabancılık çekmedi. Hatta hemen ısınıp kaynaştı ve büyük bir aşkla bağlandı.

> Bir çok evlilik, aşırı geçimsizlik sebebiyle, dünyayı Cehennem'e çeviriyor. Oysa ki, evlilik iki cihanın mutluluğu için değil midir?

Böylece, dünya tarihi aşkı tanıdı.

İlk erkek olan Hz. Adem ile, ilk kadın olan Hz. Havva annemiz, aşkı, aldanışı, hasreti; sonra da kavuşmanın tadını yaşayarak bizlere örnek oldular.

Sonuçta, dünya imtihanında hakkıyla başarılı olup, asıl vatanları olan Cennet'e gittiler.

Şimdi, onların torunu olan insana düşen de, bu dünya imtihanında başarılı olup, ebedi saadet yurdu olan Cennet'te onlarla birlikte olmaktır.

Bu iki günlük dünyada, Ademoğulları niçin geçinemez de, kavga gürültü ederler?

Üstelik, evinde eşiyle geçinemeyen, başka nerede, kiminle geçinebilir ki?

Bir çok evlilik, aşırı geçimsizlik sebebiyle, dünyayı Cehennem'e çeviriyor. Oysa ki, evlilik iki cihanın mutluluğu için değil midir?

Aile kurumuna alternatif olabilecek bir başka kurum da yok... O halde karı-kocaya düşen nedir?

Karı-kocaya düşen, yaratılış çizgisinden çıkmamaktır.

Rabbimiz eşleri yaratmasını ve aralarına muhabbet koymasını, varlığına delil olarak gösterir:

"-İçinizden, kendileriyle huzura kavuşacağınız eşler yaratıp; aranızda muhabbet var etmesi, O'nun varlığının belgelerindendir. Bunlarda düşünen milletler için dersler vardır."

Demek ki, eşiyle güzel geçinen bir mü'min, Rabbimiz'in bu ayetini fiilen tasdik etmiş ve isbatlamış olur. Peki, aileyi bir kavga gürültü arenasına çevirenler ne yapmış oluyorlar?

* * *

Anlaşmanın, kaynaşmanın, uyuşmanın bir başka adı, mutluluktur.

Ama nasıl anlaşıp kaynaşacağız?

Evlilik hayatında, nasıl mutlu olacağız?

Mutluluğa giden yol, nerelerden geçiyor?

Bu soruların doğru cevabı, doğru aranırsa, sanırım şu maddelerle karşılaşırız:

1-KUL KUSURSUZ OLMAZ

Evlilik iki insanı bir araya getiriyor. Hem de iki ayrı cinsi birleştiriyor. Her insan ayrı ve başka bir dünyadır. İkiz kardeşler bile, birbirinin tamamen aynısı değildir. Böyleyken, evlenen kadınla erkek, nasıl tam bir uyum içinde olacaktır?

İşte bu uyumu sağlamak için, hemen şöyle düşünmemiz gerekiyor:

"-Ben bir insanım. Her insan gibi, iyi ve mükemmel yanlarım olduğu gibi, eksik ve başarısız taraflarım da vardır.

Eşim de benim gibi bir insandır. Onun da eksiği, noksanı, hatası olabilir. Kul kusursuz olmaz. Mademki eksikli insanlar olarak bir araya gelip yuva kurduk; ben onun noksanlarını hoş göreyim ki, o da benimkileri hoş görsün.

Hiç kimse mükemmel değildir. Ben melek değilim. Eşim de öyle... Allah nasip etti, bizi bir araya getirdi. Öyleyse bu birlikteliğin hakkını vereyim; iyi ve güzel geçinmenin yollarını arayayım."

Niyeti geçinmek olan, bunun yollarını mutlaka bulur.

Bulamadığı yerde, Rahman ve Rahim olan imdadına yetişir, yollar açar, çözümler gösterir.

> Eşinin kusurunu düzeltmek isteyen, işe kendi kusurlarını düzeltmekle başlamalıdır.

İnsan kendi gayretinin yetmediği yerde, Rabbi'nin yardımını görür. Yeter ki, iyi niyetle, aileyi ayakta tutmak için elinden gelen çabayı bütünüyle ortaya koysun.

Aksihalde, eşini çok mükemmel ve kusursuz görmek isteyenler, çok çabuk hayal kırıklığına uğrarlar. Çünkü, Mevlana'mızın diliyle, "Kusursuz dost arayan, dostsuz kalır."

Hem, kim kusursuz ki, kusursuz eş istesin ve bu sebeble de eşinin kusurlarını görmezden gelmesin...

İnsana düşen, önce kendi kusurlarını görüp onları düzeltme çabasına girmektir. Hep kendi kusurlarını gören ve sürekli onları düzeltmeye çalışan bir eşin bu çabası, eşini etkilemez mi?

Eşler şu gerçeği iyice benimselidirler:

Eşinin kusurunu düzeltmek isteyen, işe kendi kusurlarını düzeltmekle başlamalıdır.

Hatta bu konuda, zaman zaman eşinden yardım ve dua istemelidir.

Bunu yapabilen bir eş, bir çok güzelliği bir arada başarmış ve yuvasının huzurunu bereketlendirmiş olur. Çünkü, öncelikle kendi kusurunun farkına vardığını eşine göstermiş olur.

Kendi kusurunu eşine itiraf eden, eşinin takdirini kazanmaz mı? Zira kendi kusurunu görebilmek, hem tevazudur, hem de kimlik ve kişilik sahibi olduğunu göstermektir. Gerçek şahsiyet sahipleri, kendi kusurlarını görürler, herhalde ve her durumda avukat gibi kendilerini savunmazlar.

Kusurunu itiraf eden bir eş, dolayısıyla hayat arkadaşının maddi ve manevi yardımını talep etmiş olur. Böyle bir itirafı duyan eş, hemen tenkide, aşağılamaya ve o kusuru gündemine alarak üstünlük taslamaya kalkmamalı, tam tersine hayat arkadaşına olan maddi ve manevi yardımlarını artırmalıdır. Zira, anlayışlı eşler, birbirinin kusurunu örtmeye, iptal etmeye, ortadan kaldırmaya çalışırlar.

Eşinin itiraf ettiği bir kusurunu düzeltmek için ona yardım eden, aynı zamanda ona olan sevgisini ve şefkatini de çoğaltmış olur. Böylece bir eşin bir kusuru, beraberce düzeltilirken, aynı anda aile bağları da güçlendirilmiş olur.

Zaten sevgiyle bakan gözler, tenkit edemez; sevgiyle sarıp sarmalayıp, şefkatle düzeltmeye çalışır.

2-BİRLİKTE KIZMAYIN!

Maneviyat sultanlarından biri, huysuz bir hanımla evlenmiş. Hanımının huysuz ve geçimsiz olduğunu daha ilk günü anlamış ve kendine göre bir tedbir düşünmüş...

Hanımına demiş ki:

"-Görüyorum ki, sen biraz hırçın ve sabırsızsın. Ben de bu hallere karşı hassas bir insanım. Öyleyse, gel seninle bir anlaşma yapalım da, ikimiz birden kızmayalım.

Ben kızınca, sen sabret. Sen kızınca da ben sabredeyim. Böylece birbirimizi idare edip gidelim."

Hanımı da bu teklifi kabul etmiş... Bu anlaşma sayesinde, ömür boyu iyi geçinmeyi başarmışlar.

Bir husustaki anlaşma, bir çok konudaki uzlaşmayı sağlamış.

* * *

Atalarımız, "Öfke baldan tatlıdır!" demişlerdir. Ancak bu tat, nefsimizin hoşuna gider, onun ağız tadıdır. Oysa ki nefis, daima kötülükleri emreder. Biz nefsimizin değil, ruhumuzun emrinde olacağız. O halde insana mahsus bir zayıflık olan öfke, insana hakim olmamalıdır. Eğer her tedbire rağmen bir eş öfkelendiyse, hemen durumunu değiştirmelidir. Oturuyorsa, ayağa kalkmalı; ayaktaysa yürüyüp yerini değiştirmeli ve başka bir ortama gitmelidir.

Bu tavsiyelere, Güzeller Güzeli şunları da ekler:

"-Öfkelenen, kızgınlığını yatıştırmak için abdest alsın, namaz kılsın..."

Evet, böylece maddi ve manevi ortamını değiştiren kişi, öfkesini de değiştirmiş, yatıştırmış ve sonunda yenmiş olur.

Efendimiz'e göre, gerçek pehlivan da, başkasını yenen değil, öfkesine galip gelendir.

Üstesinden gelinemeyen nice küçük öfke, bir çok mutlu aile yuvasını altüst etmiş, yakıp tüketmiştir.

Unutmayalım ki, "Öfkeyle kalkan, zararla oturur."

Her öfkenin arkasından geriye, sadece "ah, vah, keşke, şimdiki aklım olsaydı..." gibi pişmanlıklar kalır.

Oysa ki, hayat dediğimiz güzellik, her pişmanlıktan sonra tekrarlanacak bir film değildir.

3-NASİBİNİZE RAZI OLUN

Mutluluk için istediğin şartlar yoksa, içinde bulunduğun şartlarda mutluluğun yolunu arayacaksın... Bazı kimseler, evlendikten sonra ah vah ederler, yaptıkları evilikten dolayı pişmanlıklarını ifade ederler.

Oysa ki olmuş bitmiş bir olay karşısında üzüntüyü sürdürmenin hiçbir yararı

> **Hayatın her sayfası gibi, evlilik de bir imtihandır.**

yoktur. Madem ki baştan bir yanlışlık yapılmıştır. O halde, insan şöyle düşünmeli:

"-Evlilik hususundaki nasibim bu imiş. Kader bana böyle bir nasip verdi. Ama bu duruma benim hatalarım ve yanlışlarım da sebeb olmuş olabilir. Kimbilir hangi yanlışım dolayısıyla başıma bu iş geldi" diye düşünmek, faydalıdır. İnsan hatayı kendisinde arayınca, kendisini düzeltmeye çalışır. Kendisini düzelttikçe, belki eşi de bundan olumlu etkilenip durumunu düzeltecektir.

Bir maneviyat büyüğü, çok huysuz olan hanımına hep dua edermiş. Sebebini soranlara da, şöyle dermiş:

"-Bu hanım dolayısıyla, dünyanın zevk ve lezzetlerine bağlanıp kalmaktan kurtuldum."

Bir çok kadın da, huysuz kocasına sabredip, aile yuvasını yıkmadığı için, evliya olmuştur.

Bir hanımefendi, geçimsiz kocası için şöyle diyordu:

"-Her insanın bir imtihanı vardır. Benim imtihanım da eşimdenmiş... Onun huysuzluklarına bir ömür sabrettim. Beterin de beteri var. Belki de ben eşime sabrettim diye, Rabbim başka ağır bir imtihan vermedi. Yüzümü çocuklarımdan güldürdü."

Elbette ki evlilik hayatında da üzüntüler vardır. Ancak, iyi bilinmelidir ki, "Evlenen de bazan üzülebilir; ama evlenmeyen mutlaka üzülür."

Hayatın her sayfası gibi, evlilik de bir imtihandır. İnsana düşen, başına geleni düzeltmeye ve daha mükemmel hale getirmeye çalışmaktır. Sonra da dua ile, sabırla, şükürle başına gelene dayanmaya çalışmaktır.

"-Evlilikten nasibim bu imiş" diyerek olumsuzluklara katlananlar, kazananlardır. Hem bu dünyada ciddi bir ahlak ve karakter sahipliğini kazanırlar; hem de ahirette kısmetlerine razı olmanın karşılığı olan Cennet'i hak ederler.

Unutmayalım ki, "Kadere iman eden, kederden emin olur. Kadere itiraz eden ise, başını örse vurur, kırar."

4- HAYIRLI MÜ'MİN GEÇİMSİZLİK ETMEZ

Güzeller Güzeli buyurmuştur ki: "-Başkalarıyla geçinmeyen ve kendisiyle geçinilemeyen insanda hayır yoktur."

Evliliğe adım atan bir insan, hayırlı bir insan olmak istiyorsa, karşısındakinin durumu ve tutumu ne olursa olsun, geçinmeye niyetlenmelidir. Çünkü geçinmek, idare etmek, hayırdır ve ibadettir.

Yuva yapmak sevap, yuva yıkmak da günahtır.

Yıkmak kolaydır ama, yapmak gibi şerefli ve yüce bir iş değildir.

Hayırlı mü'min, her şeye rağmen geçinmeye çalışır. İslam ahlakı, geçimsizliğe geçit vermez.

İnsan, geçinmeye niyet etse, Yüce Yaratıcı, karşınızdakinin de gönlünü yumuşatıp geçinilebilecek bir hale getirecektir.

5- EŞ DUASI MAKBULDÜR

Bir eşin, eşe yaptığı dua makbul dualardandır. Bu sebeple, güzel geçim için, eşler kendileri ve birbirleri için dua etmeli, Allah'ın yardımını istemelidirler.

Hele de eşlerin birlikte, Rabbe el ve gönül açmaları ne güzel bir haldir... Daima birlikte güç vardır. Birlikte yapılan dualar da, daha çok makbuldür.

6- EVLİLİK, VEREREK ALMA SANATIDIR

Evlilik, vererek alma sanatıdır. Erkek, kadınını mutlu ederse, mutlu ve huzurlu olur. Kadın da erkeğini mutlu ettikçe, mutlanır.

Bu sebeble, benlik, bencillik ve hep almayı düşünmek, aile mutluluğunu bitirir.

Oysa ki, vermek ve verdikleriyle eşini, çocuğunu mutlu etmek, insanın içini nasıl da sevinçlere boğar. Bir türkümüzde, aşık sevdiğine ne güzel seslenir:

"-Sen yedikçe, ben doydum."

Asıl doyum budur. Yedirerek doymak, içirerek susuzluğunu gidermek, giydirerek sırtının ısındığını hissetmek... Yani mutlu ederek, mutlu olmak...

Bu duygunun adı, vererek alma sanatıdır. Ve tamamiyle bizim kültürümüze has bir güzelliktir. Aslında, bu asil duygunun ilk ve en etkili mimarı, Güzeller Güzeli Efendimiz'dir. Hayatındaki bir tek örnek bile, bize vererek alma sanatını öğretecektir:

Bir Kurban Bayramı'nda, namazı kıldırmış, sahabeleriyle muhabbet etmiş ve nihayet kuşluk vakti evine gelmiş... Zaten evi ile mescidinin arası kaç adımdı ki...

Evin hanımefendisi, annemiz Hz. Aişe'dir. Güzeller Güzeli, ona sorar:

"-Aişe, kurbanımız kesildi mi?"

Efendimiz'in görevlendirdiği kişi, kurbanı kesmiş, etini de Hz. Aişe annemize teslim etmiştir. Bu sebeble, "Evet, ey Allah'ın Elçisi, kurbanımız kesildi" der.

"-Kurban etini ne yaptınız?" diye sorar Efendimiz.

Hz. Aişe de, "Bir but hariç, hepsini dağıttık" cevabını verir.

> Hep almayı düşünenler, ancak alarak kazanacaklarını sananlar ise, henüz evliliğe hazır değillerdir.

Bunun üzerine, Güzeller Güzeli, vererek alma kültürünün ifadesi olan şu muhteşem cümleyi söyler:

"-Desene, ey Aişe, bir but hariç hepsi bize kalmış..."

Evet, verebildiğimiz bizimdir, veremediklerimiz değil... Üstelik eşe ve çocuklara verebildiklerimiz, aynı zamanda bize sadaka sevabını da kazandırmaktadır.

Bu sebeble, bir defa daha diyoruz ki, evlilik, vererek alma sanatıdır.

Hep almayı düşünenler, ancak alarak kazanacaklarını sananlar ise, henüz evliliğe hazır değillerdir.

7-SEVGİ DAİMA BESLENMELİDİR

Eşlerin gözü ve gönlü sürekli birbirinin üzerinde olmalıdır. Biz nasıl olsa geçiniyoruz diyerek birbirlerine olan ilgiyi gevşetmemelidirler. Sevgi daima beslenmeli, güçlendirilmeli ve tazelendirilmelidir.

Sevgi çiçeğinin de bakıma ve sulanmaya ihtiyacı vardır.

Sevgi, hayatımızın tadı, tuzu ve lezzetidir. Bu sebeble, en çok onu korumaya özen göstermeli, hatta üzerine titremeliyiz.

Bir çok eş, nasıl olsa birbirimizi seviyoruz diye, mevcut duygularına güvenip, birbirlerini ihmal ediyor. Bu ilgisizlik giderek lakaytlığa dönüşüyor. Özellikle de kadınlar, böyle bir boşvermişliği kaldıramazlar.

"-Seviyorum, ama içimden seviyorum" diyen eşlerine, "Peki, anladım, öyle olsun" diyemezler. Sürekli sevgiyi canlı, heyecanlı ve yenilenmiş olarak tatmak isterler. Çünkü sadece yemeklerin değil, sevgilerin de yeni pişirilmişi, orijinali ve tazesi daha çok besler gönülleri...

İşte daha yeni, daha taze, daha canlı sevgilere ulaşmak için, sevgi sürekli beslenmelidir.

Emek verilmemiş sevgiler, zamanla eskir, yıpranır ve tükenir.

Kısacası, evinizdeki çiçeklerden çok, kalbinizdeki sevginin bakıma ve sulanmaya ihtiyacı vardır. Çünkü, kalplerde sevgi canlı olursa; kalpler kırılmaz, çiçeklere de daha çok bakılır.

8- SEVEN AFFEDER

Eşler affedici olmalıdırlar. Farkettikleri bir hatayı, şakadan bile olsa, sürekli dile dolamamalı; hatta görmezlikten gelmeli, ya da affetmelidirler. Affı seven Rabbimiz, affedenleri affedecek, bağışlayanlara da bağış yağdıracaktır.

Zaten, sevginin gerçekten varolduğu yerde, kine, kana ve düşmanlığa yer olamaz.

Nasıl sevgisizlikten kin ve nefret çıkarsa, sevgiden de af, bağış ve barış çıkar. Birbirinin hatasını affeden eşler, çocuklarına da bu güzel hasleti öğretmiş olurlar.

9- MUTLULUK TAM OLARAK ANLAŞMAKTIR

Mutluluk, birbirini anlayarak bulunur. Eşini anlamak için, birlikteliğin süresini ve kalitesini artırmak gerekir.

Birlikte olmak, kalplerin de birlikte olmasıdır. Sadece bedenlerin yanyana olması, gönüllerin bir ve beraber olması anlamına gelmez. Nice eşler vardır ki, aynı çatı altında yaşarlar da, kalpleri birbirinden çok uzakta bulunur. Niceleri de vardır ki, bedenleri binlerce kilometre uzaktadır amma, gönülleri yanyana, içiçedir. Onların aralarını, ne kadar uzun olsa da mesafeler ayıramaz. Hatta biri dünyada diğeri ahirette olsa bile, onlar yine bir ve beraberdirler.

> Biz insanlar, gövdelerden daha çok, gönüllerin yakınlığı ile anlaşırız.

Bu sevgi derinliğinin en güzel misali, Güzeller Güzeli'dir. Hz. Hatice annemiz vefat ettikten yıllarca sonra bile, onu asla unutmamış, hep hasretle anmıştır.

* * *

Biz insanlar, gövdelerden daha çok, gönüllerin yakınlığı ile anlaşırız.

Kalıpların değil, kalplerin birlikteliği ile mutluluğu yaşarız.

Öyle eşler vardır ki, anlaşmak için konuşmaya bile ihtiyaçları olmaz. Bakışından eşinin ne dediğini anlar. Bazıları da, konuşarak dahi anlaşamazlar.

Gönüller tam olarak anlaşıp kaynaştıktan sonra, dillere düşen görev de azalır.

10-DİNLEMEK DİNLENDİRİR

Dinlemek, dinlendirir. İnsan sadece konuşarak değil, dinleyerek de etkili bir sevgi iletişimi kurabilir. Fakat sadece kulağıyla değil, kalbiyle de dinlemek şarttır.

Bu sebeble, dinlerken eşine dönmek, gözlerinin içine bakarak kalbini görmeye çalışmak ve o sırada başka bir şeyle meşgul olmamak gerek...

BİZ EVLENİYORUZ

Böylesine candan dinleyen bir eş, hem dinlenir, hem de kendisini dinlendirir. Dinlenen eş ise dillenir ve bülbüller gibi aşkla şakımaya başlar.

Dinlenmeyen ise, susar; gönlünü de susturur, sevgisini de...

Bu sebeble, dinlemek, çok etkili bir sevgi iletişimidir.

Zira dinlenen eş, kendisine önem verildiğini ve ciddiye alındığını anlar. Ya dinlenmeyenler...

Hele de, "Beni dinler misin, sana anlatmaya ihtiyacım var" dediği halde, eşine kalbini değil, kulağını bile açmayan eş, yuvasının temeline dinamit koyduğunu nasıl anlamıyor?

11-BİRLİKTE DEĞİL, SIRAYLA KONUŞUN

Eşinizin söylediği konu, size fazla önemli gelmeyebilir. Yine de onu büyük bir dikkatle dinleyiniz. Çünkü, anlattığı konu, onun için önemli olmalı ki, anlatma ihtiyacı duymuş... Sizin onu dikkatli ve özenli dinleyişiniz, anlattığı konuyu değil, kendisini sevdiğinizi gösterir.

Nasreddin Hoca, bu doğruyu, tersinden anlatmış...

"-Yenge ile geçiminiz nasıl?" diyen gençlere şu açıklamayı yapmış:

> **Eşler tartışmayı da sevgi ve saygı çerçevesini aşmadan yapmalıdırlar. Hiç bir şartta, birbirlerine olan sevgi ve saygıyı unutmamalıdırlar.**

-Evliliğimizin ilk senesi çok iyi idi. Çünkü hep ben konuştum, hanım dinledi. İkinci sene evliliğimizin tadı kaçtı. Çünkü benden konuşmayı öğrendi hanım. Hep o konuştu, ben dinledim. O günden bu yana da, ikimiz birlikte konuşuyoruz, komşular dinliyor.

Hoca merhum bu anlatımıyla bir iletişim hatasını dile getiriyor. Yani olmaması gerekeni söylüyor. Tek taraflı nutuk atmakla, sevgi iletişimi asla kurulamaz demek istiyor.

Eğer eşlerden biri tek taraflı olarak, söz hakkı vermeyerek sürekli konuşursa, bir süre sonra, öteki taraf patlar ve aynı şekilde konuşmaya başlar. Sonra da, iş iyice rayından çıkar; eşler aynı anda bağırıp çağırmaya başlarlar.

Bu da konuşmak değil, gürültü yapmaktır.

Bir eşin asıl kalitesi, seviyesi ve terbiyesi, tartıştığı zaman belli olur. Gerçek şahsiyetinin ip uçları, münakaşa sırasında görünür.

Bu sebebten, eşler tartışmayı da sevgi ve saygı çerçevesini aşmadan yapmalıdırlar. Hiç bir şartta, birbirlerine olan sevgi ve saygıyı unutmamalıdırlar.

12-AYRINTILARI FARKEDİN

Hanımlar, ayrıntıları farkeden erkekleri severler. Bu sebeble, işten yorgun da gelseniz, eşinizin saçına başına dikkat ediniz. Değişiklikler sizin hoşunuza gitsin diye yapılmıştır. Onları farkedin, takdir ve tebriklerinizi sunmayı ihmal etmeyin.

Bazan da, eşiniz evde bir değişiklik yaparak size bir sürpriz sunmuş olabilir. Aman dikkat, gözünüzü dört açın ve size sunulan ayrıntıyı farkedin.

Böylece, eşinize sevginizin ve ilginizin derinliğini isbatlamış olursunuz.

Ama bunlardan da önemlisi, eşinizin beden dilini iyi anlamanızdır. Gözlerine bakıp, bazan hüznünü, bazan da sevincini farkedebiliyorsanız, asıl farketmeniz gerekeni farkediyorsunuz demektir. Zaten eşinizin gözlerinden yansıyan ışığın rengini farketmiyorsanız; saçın, başın, elbisesinin ne önemi kalır ki...

Ferhad ile Şirin'in hikayesini bilirsiniz:

Şirin, bir hükümdar kızıdır. Ferhad da güçlü kuvvetli, yakışıklı bir delikanlıdır. Halkın içinden, herhangi bir delikanlıdır ama gönlünü Şirin'e kaptırmıştır. Bu aşkın Ferhad'ı mecnuna çevirdiğini görenler, dayanamayıp araya girmişler. Şirin'i bu müthiş sevdadan haberdar etmişler. Tabii ki, Şirin de duyduklarından etkilenmiş ve sormuş:

"-Acaba Ferhad'ın sevgisi gerçek midir?"

"-Gerçek de söz müdür?" demişler. "Senin aşkınla öyle yanıp yakılıyor ki, bir gün canına kıymasından endişe ediyoruz."

Şirin, bu açıklama üzerine, hemen karar veriyor ve "Gidip haber verin, Ferhad'ı sarayıma davet ediyorum" demiş.

Ferhad'ın dostları çok sevinmişler ve zaman kaybetmeden bu müjdeyi ona ulaştırmışlar. Ferhad inanılmaz bir sevinçle kanatlanmış ve Şirin'in sarayına gelmiş. Şirin, en süslü elbiselerini, en göz kamaştırıcı mücevherlerini takmış, sarayın salonuna çıkmış...

Ferhad'ı da o salona, Şirin'in huzuruna davet etmişler.

Ferhad, büyük bir heyecan içinde sarayın salonuna girmiş. Muhteşem bir taht üzerinde oturan Şirin'e doğru daha bir kaç adım atmışken, birden Şirin sesini yükseltmiş:

"-Derhal dışarı çık!"

Ferhad neye uğradığını anlayamamış... Öylece kalakalmış... Ama Şirin sesini tekrar yükseltip Ferhad'ı oradan kovmuş...

Ferhad dışarı çıkmış ama, kendisi de, orada bulunan

dostları da bu durumdan bir şey anlamamışlar. Şirin'e bu kızgınlığının sebebini sormuşlar ve demişler ki:

"-Niçin böyle hareket ettiniz? Keşke hiç çağırmasaydınız... Hem çağırdınız, hem de Ferhad'ın kalbini kırdınız."

Şirin de, büyük bir üzüntüyle onlara şu açıklamayı yapmış:

"-Sizin sözlerinize inanıp, Ferhad'ın bana olan sevgisinin gerçek olduğunu sandım. O sebeble de çağırdım. Sevgisinin gerçek olmadığını bilseydim, çağırmazdım."

Bu itham üzerine, Ferhad'ı tanıyanlar Şirin'e şöyle demişler:

"-Daha siz onu yeterince tanımıyorsunuz ki, sevgisinin boyutlarını bilesiniz. Ferhad, sevginizin son basamağındadır."

Şirin, bu sözlere şu karşılığı verip söz sahiplerini susturmuş:

"-Eğer Ferhad'da bana karşı söylediğiniz gibi bir sevgi olsaydı, yanıma geldiğinde, onun gözleri benim gözlerimden başka bir şey göremezdi. Ama farkettim ki, Ferhad'ın gözleri, benim elbisemin ve mücevherlerimin parıltısına takıldı. Benim zahiri görüntümün süsleri, onun gözünü kamaştırdı. Gözleri, gözlerimde değildi."

13-EŞİNİ ELİNDE DEĞİL GÖNLÜNDE TUT

Bir düşünür, "Erkekler kuş gibidir. Çok sıkarsanız, boğulur. Bırakırsanız, uçar gider" demiş... Aslında, kadınlar da kuş gibidir. Aynı ölçü onlar için de geçerlidir.

Eş, eşini malı mülkü gibi görüp sahiplenmemeli... O da kendisi gibi bir insandır. Bu bakımdan, kendisi için istediği şeyi, eşi için de istemek mecburiyetindedir.

Bir eş, eşini elinde değil, gönlünde tutmaya çalışmalı... O takdirde, gövdesi nerede olursa olsun, eğer eşi gönlündeyse, onu asla kaybetmez!

Eşin gerçekten gönlündeyse, emin ol ki, sen de eşinin gönlündesin. Gönüllerinde birbirine yer veren eşler, birbirlerini asla kaybetmezler!

14- KISKANÇLIĞIN ÇOĞU ZARARDIR

Eşini gönlünden tutamayan, hep elinde tutmak ister. Bu hususta aşırıya kaçanlar, tehlikeli bir kıskançlığın kıskacına düşmekten kurtulamazlar.

Kıskançlık, elbette ki seven insanın özelliğidir. Aşırıya kaçmayan kıvamında bir kıskançlık, eşini koruma ve sevgisini gösterme adına faydalı olur.

Ancak, aşırıya kaçan, yerli yersiz her hususta beliren bir kıskançlık, hastalıklı bir haldir.

Kıskançlığı, aile muhabbetini sarsacak hale getirmemek gerekir. Çünkü bu türlü bir kıskançlık, evhamı, şüpheyi ve güvensizliği körükler.

Güzeller Güzeli, ne güzel buyurur:

"-Kıskançlığın iki çeşidi vardır; birini Allah sever, diğerini sevmez. Allah'ın sevdiği kıskançlık, şüphe ve kötülük alametleri bulunan hususlardaki kıskançlıktır.

Allah'ın sevmediği kıskançlık da, şüphe ve kötülük alametleri olmayan yerdeki kıskançlıktır."

Tekrar belirtelim ki, eşiniz, tabii ki, elinizde olsun ama, avucunuzu çok sıkarsanız, onu boğarsınız; büsbütün açık tutarsanız kaçırırsınız. Çoğu şey gibi, kıskançlığın da azı karar, çoğu zarardır.

"Sevgi teleskoptan bakar, kıskançlık ise, mikroskoptan."

Unutmayınız; "Sevgi teleskoptan bakar, kıskançlık ise, mikroskoptan."

MUTLU EVLİLİK MUTLU YUVA

Aşırı kıskançlık, evlilik hayatının zehiridir. Takıntı haline getirilen kıskançlık, serseri mayın gibidir. Nerede, ne zaman ve niçin patlayacağı belli olmaz. Evlilik hayatının maddesini yıkamasa bile, manasını tamamen ortadan kaldırır.

Bu türlü kıskançlığın, ünlü kişilerce yaşanmış çok ilginç örnekleri vardır. Mesela, Fransız İmparatoru Üçüncü Napolyon ve eşi Ojeni... Bu kadının güzelliği dillere destandı. Kocasını olağanüstü mutlu ediyordu. Sağlık, zenginlik, ilgi, itibar ve şöhret bu mutlu ailenin ayrılmaz parçalarıydı. Kısacası bu karı koca, bütün Fransa'nın gıpta ettiği bir mutlulukla aydınlatıyorlardı saraylarını...

Ne var ki, kısa bir zaman sonra, anlamsız bir kıskançlık, bu mutluluk ışığını karartmaya başladı. Bu korkunç kıskançlık, Öjeni'yi dayanılamaz bir cadıya döndürdü. Ciddi hiç bir delile dayanmadan, İmparator'la aralarına bir başka kadının, hatta kadınların girdiğini sanıyor, bundan dolayı da kocasına olmadık eziyetler ediyordu.

Bazan, kocasının en önemli toplantılarına ansızın dalıyor, orada yabancı bir kadını yakalayacağını sanıyordu. Devlet işleri yerine İmparator'un aşk dolapları çevirdiğine inanıyordu. Öjeni'nin bu dengesiz davranışları karşısında, İmparator ne yapacağını şaşırmıştı. Karısı, bazan ona saldırıp kavga ediyor, bazan da onu bırakıp kaçıyordu.

Kısacası, kendisini aldattığına inandığı kocasını üzmek için, elinden gelen her şeyi yapıyordu.

Bu dengesiz kıskançlık, Öjeni'ye ne kazandırdı?

Hiç şüpheniz olmasın ki, vardığı sonuç, varmak istediği sonucun tam tersi oldu. İmparator, karısının kıskançlıklarına kısa bir süre katlandı. Sonra da, geceleri Saray'ın arka kapısından, Paris sokaklarına kendisini atmaya başladı. Artık, evde bulamadığı sevgiyi, ilgiyi sokaklarda arıyor, her gün bir başka kadınla eğleniyordu...

İmparator Üçüncü Napolyon, saray yerine sokaklara; karısı yerine de başka kadınlara gidiyordu.

Ancak bu tercihin sorumlusu Öjeni idi.

Çünkü, anlamsız ve dayanılamaz kıskançlığı ile, kocasının kendisine olan sevgisini tamamiyle yoketmiş, hatta tam tersine düşmanlığa çevirmişti.

* * *

Kıskançlık kurbanı ünlülerden biri de, Lincoln'dür. Dünya tarihinin en önemli adamlarından biri idi ama, evinde mutlu değildi. Karısının en çok yaptığı şey, sızlanmak ve kocasını manen zehirlemekti. Lincoln her ne yaparsa, yanlıştı. Hiç bir doğru hareketi yoktu. Yaptıklarının bütünü, karısı tarafından tenkit edilir ve tabii ki kötülenirdi.

Bu karı koca birbirlerine tamamen zıt durumdaydılar. İşleri, birbirlerini ezmek, üzmek ve sıkıntıya sokmaktı. Kavgaları, çoğu zaman sokağa taşar; komşuları, kavganın sözden eyleme geçme durumuna geldiğini anlarlardı.

Peki, bütün bu kavga ve gürültülerin sebebi neydi?

-Bir kelime ile kıskançlık!..

Karısının bu kıskançlığı, aile mutluluğunu bitirdi. Sevgi gitti, yerine düşmanlık geldi. Bu sebeble Lincoln, evine gitmek istemez, çoğu zaman ev yerine otellerde gecelemeyi seçerdi. Karısı yalnızlaştıkça daha çok kıskanır, hatta bazan ne yaptığını bilemeyecek derecede kendinden geçerdi.

Bu kadın, bir zaman sonra bu ağır yüke dayanamadı, çıldırdı ve bir hastahaneye yatırıldı.

15-SEVGİ BAŞKASINA BAKTIRMAZ

Eşler, sevgide samimi olmalıdır.

Gerçekten sevenin gözü başkasında olmaz.

Gerçekten sevenin kalbi, başkasına yönelmez.

Gerçekten sevenin dili, başkasını söylemez.

Bu sebeble, eşler birbirlerine başka erkek, ya da kadınları anlatmamalıdırlar. Özellikle de mahrem halleriyle gündeme getirilen erkek ve kadınlar, insana hem gıybet günahını kazandırır, hem de kafaları ve kalpleri olumsuz yönlere kaydırabilir.

Zaten, gerçekten seven eşlerin bu türlü dedikodulara ayıracak vakitleri olmaz. Sonlu ve sınırlı dünya hayatını bu tür gereksiz ve hatta zararlı konulara ayıracak kadar akılsızlık yapmazlar.

Çünkü ömür kısa, lüzumlu vazifeler ise pek çoktur.

Genellikle de, hanımlar televizyonda gördükleri bazı olumsuzlukları, kötülemek amacıyla bile eşlerine anlatmamalıdırlar. Tabii ki beraber de seyretmemelidirler. Çünkü, "Batıl şeyleri iyice tasvir, safi zihinleri idlal eder."

Yani yalan yanlış, abuk sabuk şeyleri, allaya pullaya iyice anlatmak, saf zihinleri yoldan saptırır.

16-İŞİ EVE TAŞIMA!

Seven erkek, elden geldiğince, işini eve taşımaz. Ev, eşiyle paylaşacağı bir muhabbet ve dostluk mekanı olarak kalır.

İş telaşını, kaygusunu ve sıkıntısını eve taşıyanlar, hem kendisine, hem de eşine zarar vermiş olurlar.

İşadamı, işi eve taşımak yerine, haftada bir gün gönlünü bütünüyle eve taşımalı, bütün günü eşi ve çocuklarıyla başbaşa geçirmelidir.

Sadece iş hayatındaki başarı, insanı tatmin etmez; ne tam doyuma ulaştırır, ne de mutluluğu için kafi gelir. Yani doyum sadece işten değil, eşten de sağlanmalıdır.

Bir insan, iş hayatında en büyük başarılara imza atsa bile, eğer, evde eşinin gözüne bakıp gönlünü göremiyorsa, çocuklarının kalbinde yer edinemiyorsa, asla mutlu olamaz.

Evden mutlu çıkmayan kişinin, iş başarısı da eksik kalır. İşteki başarı, evdeki mutluluğu artırmaya yaramıyorsa, gerçekten başarı sayılmamalıdır.

17-MÜŞTERİ Mİ, EŞ Mİ?

Bir iş adamı, tüccar, ya da esnaf, iş yerinde müşterisine gösterdiği ilgi ve dikkati evinde eşine göstermiyorsa, çok büyük bir yanlışın içindedir. Kendisi için, müşteri mi daha önemli, yoksa eşi ve çocukları mı?

Şunu kabul edelim ki, iş adamı müşterisine gösterdiği ilgi ve dikkati, evde eşine ve çocuklarına gösterse, ev bir sevgi cennetine döner.

Dışarıda hoş görülü, sevecen ve sabırlı olup da, eve gelince kaba saba, kırıcı ve sabırsız olan biri, ne acı bir çelişki içindedir, değil mi?

Başkalarına gösterdiği iyiliği ve güler yüzü, evdekiler niçin hasretle beklesinler?

Müşterisine çok sevecen davranıp da, evdekilere surat asanlar, paranın sevgi ve şefkattan daha değerli olduğunu sananlardır.

Müşterisine gösterdiği ilgiyi ve sabrı, evinde eşine ve çocuklarına göstermeyen adam, bu tutumuyla şöyle demiş olmuyor mu:

"Benim için müşteri daha mühimdir. Eşim ve çocuklarım, müşteri kadar önemli değildir. Müşteriyi kaçırırsam, zarar ederim. Ama eşimin ve çocuklarımın benden kopacak halleri yok. Zaten, kopsalar ne olacak ki, gidecek yerleri mi var?"

Müşterisine çok sevecen davranıp da, evdekilere surat asanlar, paranın sevgi ve şefkattan daha değerli olduğunu sananlardır.

Ya da bu cümlelere benzeyen bir cümle geçiyordur, müşteriyi eşine tercih eden adamın kafasından...

Tek başına böyle bir yanılgı bile, insanı mutsuz etmek için yeter de artar...

İşte onlardan biriydi gömlekçi Mahmud Efendi... Eşi ve çocukları, ilgisizliğinden, sevgisizliğinden şikayetçiydiler. Onu dükkanında gördüm. Bana ve müşterilerine karşı çok sevecen, ilgili, muhabbetli bir kimseydi.

En huysuz müşteriye bile sabırla muhatap oluyor, onlarca gömleği uzun tezgahın üzerine yığıyor, tek tek gösteriyor, özelliklerini anlatıyor, asla bir yılgınlık ve yorgunluk alameti göstermiyordu.

Bir defasında benim bile sabrım sonuna geldi. Ama baktım, evde eşine ve çocuklarına sevgisizlik ve ilgisizlik gösteren Mahmut Efendi, bütün izaha, emeğe, çabaya rağmen, gömlek almadan giden müşterisine şöyle diyor:

"-Çok memnun oldum Efendim. Haftaya tekrar beklerim, yeni çeşitlerimiz gelecek. Çok kaliteli gömlekleri çok uygun fiyata vereceğiz. İyi günler Efendim..."

Yarım saat kadar uğraşmış, tezgahın üzeri gömlek kutularıyla dolmuştu. Büyük bir sabırla onları tekrar yerlerine yerleştiriyor, bu arada benimle de sohbet etmeye çalışıyordu.

Gömlekçi Mahmut Efendi'ye hayran kalmıştım. Dedim ki:

"-Mahmut Efendi, şu müşteriye gösterdiğin sabrın ve ilginin zekatını evde yengeye ve çocuklara göstersen, eminim ki o ev bir sevgi cennetine döner..."

Mahmut Efendi şöyle garip garip bakındı yüzüme ve dedi ki:

"-Efendi bu nasıl teklif! Eşim ve çocuklarım müşteri mi ki, onlara da böyle davranacağım! Zaten buradaki çırpınmamız da onlar için değil midir? Bir de yorgun argın eve varınca, evdekilere de mi dil dökeceğim?

Onlar benim ailem mi, müşterim mi?"

Gömlekçi Mahmut Efendi'ye, dilimin döndüğünce anlattım ki, asıl önem ve özen göstermesi gerekenler eşi ve çocuklarıdır. Onların gönüllerini kazanamadıktan sonra, gömlek fabrikatörü olsa bile, kazanmış sayılamazdı.

Beni epey uğraştırdı ama, sonunda haklı olduğumu kabul etti.

Şimdilerde Mahmut Efendi, evdeki müşteriler dediği eşi ve çocuklarıyla sıcacık ilişkiler içinde ve çok mutlu.

"-Meğer onlar da müşteriymişler... Gömleğimin değil ama yüreğimin müşterileri... Evde onlarla yürek alışverişini sağlam yapınca, gömlek müşterisiyle de aram iyi oluyor. Keşke bunca zaman evdeki müşterileri de ihmal etmemiş olsaydım..." diyor...

Bu konuda son söz:

Eşinin ve çocuklarının kalbine giremediysen,

Orada bir yer edinemediysen,

Neye yarar para-pul, makam-mevki, güç- saltanat?

Sen önce baldan tatlı olan sevgiyi tat.

Gönüller dolusu sunulmuş sana

Can yoldaşınla ve çocuklarınla.

18- KAZAK YA DA TAŞ FIRIN ERKEĞİ Mİ?

Bazı erkekler, asılsız ve temelsiz övünmeler uğruna, çoluk çocuğuna sert davranır. Gerekçeleri, "Kazak erkek!"olmaktır. Ya da, "Bize taş fırın erkeği derler!" diye böbürlenirler, bunun da eşine ve çocuklarına bile kaba davranmak olduğunu sanırlar.

> Biz babaların çocuklarımıza vereceğimiz en değerli hediye, annelerini sevmemizdir. Annelerin de eşlerine sunacakları sevgi, çocuklarına sundukları en kıymetli hediyedir.

Oysa ki Güzeller Güzeli, "Sizin en hayırlınız, ailesine daha yararlı olanınızdır" buyuruyor. Hiç bir gerekçe ile, bir baba, eşini ve çocuklarını korkutamaz ve baskı altında tutamaz.

"-Ben kapıdan girince, hanım bir tarafa, çocuklar diğer tarafa kaçışırlar" diye övünen adam, gerçekten baba olabilir mi?

Oysa ki, babaların en güzeli olan Efendimiz, "Halkın en çok gülümseyeni ve en neşelisiydi..."

Hayırlı eş, hasretle beklenen, geldiğinde boynuna sarılınan ve sevgiyle kucaklanandır. Eve geldiğinde insanların korkuya düştüğü baba, hayırsızdır.

Hayırlı baba, gidince değil, gelince sevindirendir.

Unutmayalım ki, biz babaların çocuklarımıza vereceğimiz en değerli hediye, annelerini sevmemizdir. Annelerin de eşlerine sunacakları sevgi, çocuklarına sundukları en kıymetli hediyedir. Ancak, böyle anne babalar, yürekleri sevgi dolu çocuklar yetiştirebilirler.

19- ÖZEL GÜNLERİ HATIRLAYIN

Eşinizin önem verdiği özel günleri unutmayın. Mesela evlilik yıldönümü, çocuğunuzun yaş günü gibi... Onun önemsediği bu günleri ciddiye alın, katılın ve sevinçlerine ortak olun... Hatta eşinizin de unuttuğu, ancak hatırlamaktan hoşlanacağı yıldönümlerini hatırda tutup, küçük çaplı sürpriz kutlamalar yapın.

Mesela, bir hanımefendi, eşine şu güzel sürprizi yaparak, ailenin muhabbet düzeyine çok büyük bir katkıda bulunmuştu:

Bey'i, önemli bir ameliyat geçirmiş ve tekrar sağlığına kavuşmuştu. Olayın üzerinden bir yıl geçmiş ve bütünüyle unutulmuştu. Hanımefendi, beyinin hastahaneden eve çıktığı günün yıldönümünde, güzel bir sofra hazırladı. İki oğlu da babalarına, annelerinin tavsiyesi ve hatırlatmasıyla birer hediye aldılar.

Akşam, bu özel sofrayı, özel ilgiyi ve sevgiyi gören baba, çok şaşırmış ve"Hayrola!" diyerek sebebini sormuştu. Hanımefendi, "Aramıza tekrar sağlıklı olarak dönüşünüzün yıldönümü, bugün. Rabbim, seni bize bir daha bağışlamıştı, tam bir yıl önce, Efendim" deyince de, gözyaşlarına hakim olamamıştı.

Eşinin ve çocuklarının kucaklayıp öptüğü bu adamın mutluluğu tahminlere sığar mı?

20- EŞİNE CARİYE OLAN, ONU KÖLESİ EDER

Aile hayatında görmek istediğinizi, önce siz gösterin. Almak istediğinizi, önce siz verin. Unutmayın ki sonuç sizi çok sevindirecektir. Çünkü, verdiğinizi fazlasıyla alacaksınız.

Güzeller Güzeli, Hz. Ali ile evlenen kızı Hz. Fatıma'ya, mutluluk dersi olarak şu kitaplık çaptaki cümleyi söylemiştir:

"-Kızım Fatıma, sen Ali için cariye ol ki; o da senin için köle olsun."

21- AİLE SIRLARI ARANIZDA KALSIN

Aile sırlarınızı ve mahrem konularınızı, hiç kimseye söylemeyin. Hatta eşinizi mahcup edecek bir zayıflığına şahit olmuşsanız, değil başkalarına anlatmak, bunu siz bile unutun.

Bu hususta Efendimiz şöyle buyurur:

"-Kıyamet gününde, Allah katında, en kötü mevkide bulunan insanlardan biri de, eşiyle ilişkide bulunup, sonra da onun sırrını açıklayan kimsedir."

"-Settarü'l Uyub (Ayıpları Örten)" olmak Allah'ın güzel sıfatlarından biridir.

Siz eşinizin ayıplarını örtüp gizlerseniz, Rabbiniz de, büyük Mahkeme'de sizin ayıplarınızı gizleyecektir.

Aslında sadece eşimizin ve çocuğumuzun değil, bütün insanların ayıplarını örtüp gizlemek, iyi bir insanın vasfı olarak açıklanmıştır. Hz. İsa (a.s.) bu hususta şöyle der:

"-Bir kardeşiniz yatıp uyumuş olsa ve rüzgar ile elbisesi açılmış bulunsa, siz ne yaparsınız?"

Havarileri, "Hemen bedenî ayıbının üzerini örteriz" dediler.

Bunun üzerine İsa Peygamber şöyle dedi:

"-Peki, bir kardeşinizin ahlakî ayıbını gördüğünüzde onu

> Eşinizi mahcup edecek bir zayıflığına şahit olmuşsanız, değil başkalarına anlatmak, bunu siz bile unutun.

niçin anlatıp yayıyorsunuz? Bunun da üzerinin örtülmesi gerekmez mi?

Tabii ki en çok korunması ve saklanması gereken, aile mahremiyetine ait sırlardır. O hususta şahit olunan kusurlar, eksiklikler, zayıflıklar anlatıldığında, o aile yuvasının ayakta kalması mümkün müdür? Maddeten ayakta dursa bile, içi sevgiden, samimiyetten boşalmış olmaz mı?

22- EŞİNİZİ BAŞKALARIYLA KIYASLAMAYIN

Eşinizi başkalarıyla kıyaslamayın. Hiç kimse, kendisinin bir başkasıyla kıyaslanmasından hoşlanmaz. Eğer mutlaka kıyaslamak istiyorsanız, onu kendisiyle kıyaslayın. Ancak bu kıyaslamada da, olumlu yönleri ortaya çıkarmaya dikkat edin. Çünkü eşinizin hangi yönü üzerinde durursanız, o özelliğinin daha da gelişip artmasına yardım etmiş olursunuz.

Mesela, "Bu saç şekliyle daha güzelsin" demek olumlu bir kıyaslamadır.

"-Bu elbise sanki senin için üretilmiş!" denilebilir.

"-Bu tavrın ne hoş, bayıldım doğrusu!

Harikasın. Her zaman böyle isterim" demek de, eşini kendi kendisiyle kıyaslamaktır ve olumlu bir yaklaşımdır.

Oysa ki, "Bu ne hal!..

Hiç bir kadın yapmaz, senin bu yaptığını!" diye gürlemek, her yönüyle olumsuzdur.

En onur kırıcı bir kıyaslama şekli de şudur:

"Filanca da senin yaşında ama, nasıl da yakıştırıyor her giydiğini..."

"-Ah, ah! Nerede o annemin yaptığı leziz yemekler. Sen bu yemek işinden hiç anlamıyorsun!"

"-Şimdi, senin yerinde babam olsaydı, şıp diye çözmüştü bu işi..."

"-Filiz Hanım'ın kocası, pazar işlerini, senin gibi, karısına yaptırmıyor."

Bu tür kıyaslamalar, sadece can sıkar, moral bozar. Hatta bazan da kavgaya ve kırgınlığa sebeb olur.

Dolayısıyla bir eş, eşini hiç kimseyle kıyaslamamalıdır. Kıyaslama sadece kendisiyle ve olumlu yanlarıyla yapılmalı; birbirlerinin şahsiyetini rencide edecek tavır ve sözlerden şiddetle kaçınılmalıdır.

23- EŞİNİZİN YAKINLARINA YAKINLIK GÖSTERİN

Eşinizin yakınlarına saygı ve sevgi gösterin. Kayınpederiniz sizin ikinci bir babanız, kayınvalideniz de, ikinci bir anneniz olmuştur. Onlara sevmek ve saymak zorundasınız. Siz onları severseniz, onların da sizi sevmesi kolaylaşır.

Siz eşinizin yakınlarına gereken ilgi, sevgi ve saygıyı gösterirseniz, eşiniz de sizinkilere aynı duygularla yaklaşacaktır.

Eşiniz, bu olumlu tavrınızdan dolayı, size minnettar olacak ve tabiatıyla sizi daha çok takdir edip, daha çok sevecektir.

Yeni katıldığınız ailenin büyüklerini de dinleyip, tecrübelerinden yararlanacaksınız. Böylece, hem fikren zenginleşmiş, hem de onlarla sağlam bir sevgi iletişimi kurmuş olacaksınız. Hem de eşinizi sevindireceksi-

> Siz eşinizin yakınlarına gereken ilgi, sevgi ve saygıyı gösterirseniz, eşiniz de sizinkilere aynı duygularla yaklaşacaktır.

niz. Çünkü ailesine gösterdiğiniz ilgi, eşinize verdiğiniz değerden kaynaklanır.

Böylece, yeni bir aile çevresiyle, her bakımdan daha da çoğalacak, kalite kazanacaksınız.

24- ZEVKLER, RENKLER, DÜŞÜNCELER BAŞKA BAŞKA OLABİLİR

Eşler arasında fikir ayrılığı, zevk başkalığı veya siyasi görüş farklılığı olabilir. Eş, eşi, illa da kendisi gibi düşünmeye zorlamamalıdır. Medeni insanlar ancak ikna edilebilirler, asla zorlanmaya gelmezler. Zira, baskı ve dayatmalarla, insan görüşünü değiştirmez ama, bunu yapandan uzaklaşır ve soğur.

Eşler aralarındaki zevk farkını bir kavga sebebi değil, bir çeşitlilik ve zenginlik vesilesi bilmelidirler. Eşinin en çok sevdiği renk, en çok sevdiği yemek, en çok sevdiği kitap, ya da yazar, en çok sevdiği spor dalı, tuttuğu siyasi parti değişik olabilir. Eşlerden biri, bu farkları ortadan kaldırmayı arzu edebilir. Ancak bunun yolu, sevgi iletişimi kurarak ikna etmeye çalışmaktır. Zorlamak ve baskı yapmak, tesir etmezse küsmek çok yanlıştır.

Zevk, renk ve düşünce farkı, ancak neşeli aile sohbetlerine konu olmalı; asla küçümseme, hor görme ve kalitesizlik olarak değerlendirme malzemesi yapılmamalıdır.

İslam, eşlere çok geniş bir hürriyet alanı tanımıştır. Mesela, bir erkek, Hıristiyan olan eşini, Müslüman olması için zorlayamaz. Zorlarsa, hem büyük bir haksızlık yapmış olmanın günahını kazanır; hem de aile saadetini bozar.

> **Eşler aralarındaki zevk farkını bir kavga sebebi değil, bir çeşitlilik ve zenginlik vesilesi bilmelidirler.**

25- HANIMLAR EKONOMİK ÖZGÜRLÜK SAHİBİDİR

Dünyada, kadına ilk ekonomik özgürlük ve serbestlik tanıyan İslamiyet'tir. Erkek, tabii ki para kazanmayan hanımının geçiminden, yani yemesinden, içmesinden, giyinmesinden, barınmasından, korunmasından sorumludur. Evi maddi bakımdan ayakta tutmak erkeğe aittir. Ancak hanım kendisi de çalışmak isterse, kocasıyla anlaşarak elbette para kazanabilir.

Erkeğin, eşinin parasına, malına, mülküne el koyma hakkı yoktur. Kadın kendi rızasıyla malını, parasını eşine verebilir ama, böyle yapmaya asla zorlanamaz.

Bir çok ailede, kadının kazancına erkeğin izinsiz olarak el koymasından kavgalar çıkmaktadır. Bazan da kadın kazancını olduğu gibi kocasına kaptırmakta, fakat bunu istemediğini çeşitli sebeplerden dolayı belli edememektedir. Bu durumda hanımının parasına zorla el koyan koca, kul hakkını da çiğnemiş sayılmaktadır.

Ama hanımlara düşen de, evin geçimini tek başına başaramayan beylerine kendi imkanlarından istifade hakkı tanımaktır. Bunlar karşılıklı rıza ile olmalıdır. O zaman, maddi dayanışmanın gücü, manevi aleme de yansıyacak, aralarındaki sevgi çoğalacaktır.

Aksihalde, kendi birikmiş parası varken, evini geçindirmekte zorlanan beyine yardım etmeyen bir hanım, belki parasını korur, ama kocasının muhabbetini koruyamaz.

Bu hususta da aslolan eşler arasındaki sevgidir. Ben öyle eşler tanıyorum ki, yıllarca süren beraberliklerinde

> Kendi birikmiş parası varken, evini geçindirmekte zorlanan beyine yardım etmeyen bir hanım, belki parasını korur, ama kocasının muhabbetini koruyamaz.

bir kere bile para pul söz konusu, hele de kavga konusu olmamıştır.

Benimki de senin anlayışıyla hareket etmişler, maddi hususlar için asla birbirlerini kırmamışlardır. Para ve mal kavgası yapan eşleri de hiç anlayamamışlardır.

İşte onlardan biri olan Ayşe Hanım diyor ki: "Hocam, ben 9 yıllık öğretmenim. Yıllardır maaşımın kaç para olduğunu bilmem. Her ay, beyim maaşımı bankadan çeker, zorunlu giderlerimizi karşılamakta kullanır. Geriye kalanı da, dövize çevirip bir finans kurumuna adıma yatırır. Ben bu hesabı, adıma açmasına bile başlangıçta itiraz ettim ama, ona kabul ettiremedim."

Demek ki, eşler arasında sevgi gerçekten var olursa, para ve mal konusu önemini yitiriyor ve çok gerilerdeki hak ettiği yeri alıyor.

Ancak itiraf edelim ki, bu fevkalade güvenilirlik örnekleri, eşler arasında bile çok azalmış durumdadır. Şimdi, eşlerin en önemli görevi, birbirlerine böylesine güvenecek yeni nesiller yetiştirmektedir. Çünkü güvensiz bir toplumda, ne sevgi, ne saygı, ne de aile kalır...

26- EVLİLİK DİKENSİZ GÜL BAHÇESİ DEĞİLDİR

Dünya hayatı, dikensiz bir gül bahçesi değildir. Evlilik hayatının da gülleri var. Ancak bu güllerin de dikenleri bulunuyor. Eğer tutmasını bilirsek, dikenler elimize batmaz; biz de gülü rahatça ve korkusuzca koklarız.

Her zevkin ve mutluluğun bir bedeli olduğu unutulmamalı.

Gülün diken var diye şikayet edeceğimize, dikenler arasında gül yarattı diye, Rabbimiz'e şükürler etmeliyiz. Zaten Allah'tan alacağımız yok ki, eksik verdi diye şikayete hakkımız olsun. Haberimiz bile yokken, bize sunduğu sonsuz nimetlerin şükründen aciziz.

> Evlilik, insana hüriyetini yarı yarıya kaybettirir ama, mutluluğunu da ikiye katlar.

Evlilik de, nimet tarafı çok olan bir İlahi ikramdır.

Evlilik, insana hüriyetini yarı yarıya kaybettirir ama, mutluluğunu da ikiye katlar.

Evlilik, sorumluluğu çoğaltır. Ancak, ailesi için çalışan, fedakarlık eden, yani sorumluluğunun gereklerini yerine getiren insan, bambaşka bir huzur ve rahatlık yakalar.

Aile, insan için bir sığınak ve liman olur. Orada maddi ve manevi bütün yorgunluklar atılır, yepyeni bir enerji ve moralle güne taptaze başlanır.

Elbette ki, gülün dikeni gibi, evliliğin de zorlukları ve sıkıntıları olur. Bu hususta gülün sabrından ders almak gerek. Eğer gül, "Dikenler içinde yaşamaya razı olmasaydı, o güzel renge ve hoş kokuya sahip olabilir miydi?"

Evlilik bahçesinin dikenleri de, sabır ve şükürle karşılanılmak şartıyla, mutluluk gülünün kalitesini artıracaktır.

27- KENDİNİZİ EŞİNİZİN YERİNE KOYUN

Bir eş, her konuyu sadece kendine göre düşünmemelidir. Eşinin konumunu, halini ve özel durumunu da hesaba katmalıdır. Mesela, karı-koca bir yere gidecektir. Genç adam, çabucak hazırlanıp kapının önüne çıkmış, geciken hanımına sesleniyor:

> Sofrada, yatakta, yolculukta, nerede olursa olsun, bekleten eşler, mutluluk düzeyini düşürmüş olurlar.

"-Hadi!

Çabuk!

Nerede kaldın!"

Dakika başı bağırıp duran bu bey, eşinin durumunu anlamayan bir eştir. Bilinmelidir ki, hanımlar erkeklere göre daha geç hazırlanıyorlar. Bazı hanımlar da, zamanı iyi ayarlayamıyor ve hazırlığını daha da geç yapabiliyor. Bunlar da eşinin sabrını taşırmamalı, hazırlığa daha erken başlanmalıdır.

"Beklemek, ateşten bir gömlektir" denilmiştir. Bu sebeble, hanımlar da, erkekler de, eşlerini hiç bir yerde ve hiç bir şekilde bekletmemelidirler. Sofrada, yatakta, yolculukta, nerede olursa olsun, bekleten eşler, mutluluk düzeyini düşürmüş olurlar.

Ancak, zaman zaman meydana gelen anlaşmazlıklarda, kendinizi eşinizin yerine koyup düşünün. Mesela, "Bekletiyor ama, çocukları da o hazırlıyor" deyip sabrı kuşanmalısınız. Ya da, "Eşim pirpirikli biri, odaları tekrar tekrar kontrol etmeden evden çıkamıyor" deyip onu mazur görmelisiniz.

Kendinizi eşinizin yerine koyup düşünürseniz, daha çok hoş görürsünüz.

28-EŞİNİZE KARŞI YALANSIZ OLUNUZ

Eşler, birbirlerine karşı yalansız ve dürüst davranmalıdır. Aralarında gizli kapaklı hiç bir şey olmamalıdır. Tabii ki bu güveni sağlamak için, hoşgörülü ve bağışlayıcı bir ortama ihtiyaç vardır.

Kadın, o gün kırdığı, ya da bozulmasına sebeb olduğu bir aleti, korkusuzca kocasına açıklayabilmelidir. "Eyvah, bunu kocam duyarsa ne olur?" diye düşünen kadın, beyi ile gerçek bir sevgi iletişimini kuramamış demektir.

> Eşlerin birbirinden bir şeyler gizlediği yerde, bir güvensizlik var demektir.

Hakiki sevginin olduğu yerde, karı-koca arasındaki bütün perdeler, örtüler, duvarlar ortadan kalkar. Eşler, herşeylerini birbirlerine sansürsüz olarak, olduğu gibi açabilirler.

Eşlerin birbirinden bir şeyler gizlediği yerde, bir güvensizlik var demektir.

Güvensizliğin olduğu yerde de gerçek sevgi yoktur.

Eşlerin birbirine açamadığı sırları varsa, arada korku var demektir.

Korkunun olduğu yerde, gerçek sevgi barınamaz.

Saf, samimi ve gerçek sevgi, ancak yalansız bir ortamda var olur.

29- ÖZÜR DİLEYİN!

Kusurlu kullarız. Eşimiz de bizim gibi, kusurlu bir insandır. Bir kusur söz konusu olduğunda, insan eşinden özür dileyebilmelidir.

Bazıları sanır ki, eşimden, ya da evladımdan özür dilersem, onların gözünden düşerim. Onların gözündeki değerim azalır, beni gereği gibi saymazlar...

Bu anlayış çok yanlıştır. Tam tersine, eşler de, çocuklar da, herhangi bir hatasını itiraf ederek, ondan dolayı özür dileyen babayı, ya da anneyi daha çok sevip saymaktadırlar.

Üstelik, özür dileyen anne, ya da baba, muhataplarına da özür dilemeyi öğretmiş olmaktadır. Bu sebeple, anne-baba gerektiği zaman, hem birbirlerinden, hem de evlatlarından gönül huzuru içinde özür dilesinler. Bunun asla yanlış anlaşılmayacağından, değerlerini ve saygınlıklarını hiç bir şekilde düşürmeyeceğinden emin olsunlar.

Hataları ortaya çıktığı halde, özür dilemeyen anne, ya da baba, hem kötü örnek olurlar, hem de asıl o zaman kendilerine gösterilen saygıyı, sevgiyi daha çok yitirirler.

30- TEŞEKKÜR EDİN

Anne-babaya özür dilemek kadar yakışan bir başka güzellik de, iyi, faydalı, başarılı bir iş gördüğünde, teşekkür edebilmesidir. Bir baba, evin hanımefendisine teşekkür etmeli midir?

Baba neden eşine teşekkür etmesin? Gerçekten güzel bir iş yapmışsa eşi... Her iyi iş, teşekkürü hak eder. Bunu kim yaparsa yapsın, mükafatını almalıdır. İster eş, ister çocuk... Tabii ki, anne de babaya teşekkür etmeli yeri geldiğinde... Fakat bu hususta ben anneleri daha başarılı buluyorum. Beyler biraz gurur konusu mu yapıyorlar, bilmem, teşekkür etmeyi daha çok ihmal ediyorlar. Beyler şunu hiç unutmamalı ki, çocuklar sizin yaptıklarınızı yaparlar. Eşiniz, belki yaptığı işe karşılık, bütün yorgunluğuna rağmen, teşekkür istemeyebilir. Ancak siz, "Ne farkeder" demeden, hemen teşekkür ediniz. Eşinizi teşekkürünüzle sevindirince, bundan çocuklar da nasiplenir ve çok etkilenirler. Dolayısıyla da iyilikleri teşekkürle karşılayacak çocuklar yetiştirmiş olursunuz.

Mesela, bir baba, önüne lezzetli bir yemek koyan eşine, bir görev soğukluğu ile değil, içinden gelerek, "Eline sağlık canım benim, ne güzel olmuş" diyebilmelidir.

Bu güzel davranışlar, daha ilk günden başlarsa, sonrası kolay gelir.

31- DOĞRUYU DOĞRU ŞEKİLDE SÖYLEYİN

Sözümüzün sadece doğru olması yetmez. Doğruyu da doğru söylemek gerekir. Eşimizi kırmadan, incitmeden, başkalarının yanında, şahsiyetini rencide etmeden söylemelidir.

> Sevgi sadece sözümüzde değil, yüzümüzde de olmalı. Zaten gönülde varsa; yüze, göze de yansır sevgi...

Sevgiyle söylenen doğrular, daha rahat kabul edilebilir. Surat asmadan, kaş çatmadan söylemeli. Yani, sevgi sadece sözümüzde değil, yüzümüzde de olmalı. Zaten gönülde varsa; yüze, göze de yansır sevgi...

Ancak, her doğruyu demek, doğru değildir. Bazan görmezlikten gelmek daha isabetli olur. İnsan bir hatasını farketmiş ve onu düzeltmişse, üzerine gitmeye gerek yoktur.

Çok söz, insanın tesirini azaltır ve eşiyle yüz göz eder.

"-Her sözümüz doğru olmalı ama, her doğruyu söylemek de doğru değildir.

Her söylediğimiz hak olmalı ama, her hakkı söylemeye hakkımız yoktur."

Bu prensiplere uygun konuşmak, doğruyu doğru şekilde söylemek demektir.

Sözün doğru olması, kaba ve katı bir üslupla söylenmesini gerektirmez. Doğru söze, doğru bir söyleme biçimi kazandırmalıdır.

Böyle bir söyleme biçimi, eşler arasındaki iletişimi güçlendirir.

32- ÖFKE DELİLİKTİR; KAVGA DOĞURUR

Ne kadar haklı olursanız olunuz, eşinizle öfkeli iken konuşmayın. Çünkü öfke, geçici bir delilik halidir. O durumda insan nezaket kurallarına uyamaz, aşırıya kaçabilir.

Eğer eşiniz öfkeli bir halde sesini yükseltiyorsa, siz susmasını biliniz. Öfke onu kanatlandırdıysa, siz alttan alınız. Aksihalde, yükselen sese karşı, siz de sesinizi yükseltirseniz, yangına körükle gitmiş olursunuz.

Böyle zamanlarda sabra sarılacaksınız. Güzeller Güzeli, "Sabır, imanın yarısıdır" buyurdu.

Mevlana, bir gün, kavga eden iki kişiye rastlamış. Hemen aralarına girmiş... Kavgacılar, utanıp durmuşlar ama, dilleri hala çalışıyormuş. Onlardan biri demiş ki:

"-Bana bir söylersen, benden bin işitirsin!

Bana bir söversen, benden bin küfür duyarsın!"

Mevlana, tebessüm etmiş bu hiddete karşı ve demiş ki:

"-Sen bana bin söylesen, benden bir bile işitemezsin... Bana bin söversen, benden bir bile karşılık alamazsın!"

Hadi söyle bakalım, söyleyebilirsen...

Adamcağız yumuşayıp, özür dilemiş...

Mevlana'nın yabancı birine söylediğini, biz, hiç olmazsa eşimize söyleyebilmeliyiz.

Bu, çok zor bir iş midir?

Belki zordur ama, imkansız değildir. Çünkü bunu başaran bir çok insan vardır. Ben defalarca tanıdım bu güzelliği yaşayan eşleri... En son şahit olduğum örneği sizinle de paylaşmak isterim.

Bir hanımefendi, yakınlarda kaybettiği eşi için şunları söylüyordu:

"-49 yıl sürdü evliliğimiz. İlk günden son güne kadar, birbirimize ne hiddet gösterdik, ne de şiddet. Allah rahmet eylesin, o kadar şefkatli bir yüreği vardı ki, onca zaman içinde ne kırdı, ne dövdü, ne de sövdü.

> **Evdeki kavganın galibi olmaz. Hem erkek, hem de kadın etkilenir, sarsılır ama, asıl zararı çocuklar görür.**

Sesini yükselttiğini, bağırıp çağırdığını bile hatırlamıyorum. Allah da ona rahmetiyle muamele etsin, sevgiden başka bir şey göstermedi bana..."

Bu ideal örneklerin sayısı elbette azdır. Ancak, evliliğe yeni adım atan herkes, bu güzellikleri çoğaltma niyetinde olmalıdır.

Çünkü, evdeki kavganın galibi olmaz. Hem erkek, hem de kadın etkilenir, sarsılır ama, asıl zararı çocuklar görür. Anne-baba kavgalarının asıl ezdiği, o masumların yürekleridir.

Kavgacı aileler, sevgisiz evlat yetiştirirler.

33- HEDİYE SEVGİDİR, SEVGİ HEDİYEDİR

Zaman zaman hediyelerle ve hoş sürprizlerle eşinizi sevindirin. Ancak hediye, insanı borçlandıran ve dolayısıyla bunaltan şekilde olmamalıdır. Hediyenin maddi değerinden çok, manevi tarafı önemlidir.

Manevi hediye nedir?

Mesela, sürpriz bir telefon görüşmesi olabilir. Günün bir saatinde arayıp, ona özlediğinizi söyleyebilirsiniz. Bir başka gün, eşinizden habersiz olarak, mesela annesini arayıp, eşinizi görüştürebilirsiniz.

Yılda bir kere de olsa, eşinize romantik bir mektup yazıp yollayabilirsiniz.

Arada bir eşinizi ev ortamından çıkarıp, dışarıda yemek yedirebilirsiniz.

Sevdiği arkadaşlarını misafir edebilir, ya da onu arkadaşına yollayabilirsiniz.

Beğendiği bir kitabı, bir tatlıyı, hayatını kolaylaştıracak bir eşyayı beklemediği bir anda verip sevindirebilirsiniz.

Bir başka gün elinizde bir kırmızı gül ile girebilirsiniz evinize. Ancak, kalbinizi de gülleştirdiyseniz, elinizdeki gül daha bir anlam kazanacaktır. Elinizdeki gül, kalbinizdeki gülün temsilcisi olmalı... Yoksa, gönlünde gül değil diken taşıyan birinin elinde gül olmuş neye yarar?

Eşimize sunacağımız en güzel hediye, aslında yüreğimizdeki sevgidir. Elimizde görünen hediye, o gerçek hediyenin sadece bir sembolü olabilir.

34- SEVGİ AYIP DEĞİLDİR, SAKLAMAYIN

Sevginizi açıklayın, ifade edin. Ancak sevgi hep söylenecek, sabah akşam demeden, papağan gibi tekrarlanacak, sadece sözü ağızda sakız gibi çiğnenecek bir nesne değildir.

Sevgi, bazan şefkatli bir bakıştır.

Bazan bir dokunuş, bir okşayıştır.

Ateşi çıktığında nabız sayıştır.

Bazan bir mendil uzatıştır.

Bazan gönülden bir tebessümdür.

Bazan da candan bir hal hatır soruştur.

Bazan bir merhaba, bazan da, uzaktan bir el sallayıştır.

Sevgi, hasretle dökülen iki damla gözyaşıdır.

Sevinçle atılan bir çığlıktır,

Yere göğe sığmamaktır,

Mutluluktan uçmaktır.

Kollarıyla değil, kalbiyle kucaklamaktır.

Böylesine gerçek bir sevgiyi hiçbir örtü gizleyemez, hiç bir duvar saklayamaz, hiç bir engel durduramaz. Saf sevgi, çoban çeşmeleri gibi, çağıl çağıl akmak ister, görmek ve görünmek ister.

Sevgisiz görünen bir çok insanın, tuhaf bir savunması vardır:

"Biz içimizden seviyoruz!"

Bunlar, çeşitli sebeplerle, sevgilerini bastıran, hatta göstermekten utanan insanlardır. Oysa ki sevilen, sevildiğini bilmek ister.

İçinde sakladığın ve hiç göstermediğin sevgiyi, nasıl bilecek sevdiklerin?

Ayıp olan, günah olan, sevgiyi göstermek değil; göstermemek ve derinlerde, ulaşılamaz bir yerlerde saklayıp durmaktır.

Oysa ki, sevgisini saklayıp göstermekten utanan bir çok kişi, sevdiğini sandığı insanlarla, bazan bir hiç uğruna, kavga etmekten çekinmemektedir.

Peki ayıp olan, günah olan sevgi mi, kavga mı?

> Ayıp olan, günah olan, sevgiyi göstermek değil; göstermemek ve derinlerde, ulaşılamaz bir yerlerde saklayıp durmaktır.

35- EVLİLİK AĞACININ MEYVESİ ÇOCUKTUR

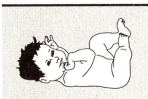

Çocuk, ailenin temeline konulmuş çok etkili bir harçtır. Bu sebeble, çocuklu ailelerde boşanma oranı daha azdır.

Evliliğin önemli bir amacı da, çocuk sahibi olmak ve nesli devam ettirmektir. Bu sebeble, evlenenler, çocuk sahibi olmayı istemelidirler. Yaygın tabiriyle, eşler "çocuk yapamazlar."

Çocuk Allah tarafından yaratılır ve ihsan edilir. Bu sebeble, "Çocuk yapın!" deyimi yanlıştır.

Çocuk, yuvanın neşesi, eğlencesi ve ilave bir mutluluğudur.

Çocuk, ailenin temeline konulmuş çok etkili bir harçtır. Bu sebeble, çocuklu ailelerde boşanma oranı daha azdır.

Ancak, Allah'tan hayırlısı istenmelidir. Çocuğun da hayırlısı istenmeli, illa kız, ya da erkek olsun denilmemelidir. Çünkü gerçekten hayırlı olanı, ancak Allah bilir.

Sonra da, "Olanda hayır vardır" inancıyla, Allah'ın hem verdiğinden, hem de vermediğinden razı olunmalıdır. Aksihalde, kadere itiraz edilmiş olur. Kadere itiraz etmek ise, kader programının sahibine, yani Yüce Yaratıcı'ya itiraz demek olmaz mı?

Çünkü kader, Allah'ın plan ve proğramıdır.

Evet, kadere itiraz etmek, doğrudan doğruya Yüce Yaratan'a isyan etmek demektir.

Kim kime itiraz ediyor.

Ne hakla?..

Bu itirazın zararı, sadece itiraz sahibinedir.

O halde, evlat sahibi olmak hususunda da, kadere rıza, insanı rahat ettirir. Evlat olur olmaz, kız olur, erkek olur, ikiz olur, üçüz olur... Her ne ise, O'ndan gelen başım gözüm üstüne diyebilmek, gerçekten bir huzur vesilesidir.

Tabii ki evlilik ağacının en ulvi, en kutsal meyvesi, çocuktur. Çocuk sahibi olmayı istemek, fıtri bir duygudur. Ancak, sonuç ne olursa olsun, ona razı olmak da kul olmanın gereğidir.

36-AİLE DÜRÜST BİR ÇEVREDE HUZUR BULUR

Çevrenizi ve arkadaşlarınızı inançlı, ahlaklı, dürüst insanlardan seçiniz. Maneviyatı, ahlakı, karekteri zayıf insanlardan uzak durunuz. Atalarımız ne güzel demişlerdir: "Üzüm üzüme bakarak kararır."

Bir sepetteki tek çürük elma, zamanla diğerlerine de çürüğünü bulaştırır.

"Kır atın yanında duran, ya huyundan, ya suyundan..."

"Körle yatan, şaşı kalkar."

Bütün bu ata sözleri gösteriyor ki, insan etrafındakilerden etkilenen hassas bir varlıktır. Hiç kimse, "Ben asla etkilenmem!" iddiasında bulunmamalıdır.

İnsan, zaman içinde, hiç onaylamadığı şartlara alışmakta, hiç sevmediği karakterlere de ısınabilmektedir.

Bu sebeple, manevi duyguları zayıf, ahlakı bozuk, kimlik ve kişiliği oturmamış insanlar, aile mutluluğunu kemiren bir güve gibidirler.

Kimi kendi doğrularını kabul ettirmeye çalışır. Kimi kıskançlık göstererek, bir mutluluğu gölgelemeye uğraşır. Hatta öyleleri vardır ki, yılan gibi, zehirlemekten zevk alır.

Dolayısıyla, insanları bu yönleriyle de tanıyarak, çevremize çok dikkat etmeliyiz. Nasıl, kötü çevre olumsuz etkiliyorsa, iyi çevreden de olumlu yansımalar alırız.

Samimi dostlar ve güvenli

> Samimi dostlar ve güvenli bir çevre, aile bağlarını güçlendirir.

bir çevre, aile bağlarını güçlendirir.

İnsanları gerçek yüzleriyle tanımalı ve zararlılarını teşhis edip, onlardan uzak durmalıyız.

Ahlak ve karekter sahibi insanlardan dostlar edinmek, aile huzuruna olumlu katkılar sağlar. Güvenli bir ortam, aileler arası ilişkileri geliştirir. Dedikodu yapmayan, haset ve kıskançlıktan uzak duran iyi yürekli insanlar olmalı çevremizde... Aile böyle bir çevrede sağlam, güçlü ve kalıcı olur.

Hiç unutmayalım ki, ancak dürüst bir çevre içinde aile huzur bulur, aile huzuru bulunur.

37- ÇOK PARA, ÇOK MUTLULUK DEĞİLDİR

Ailede mutluluğu sağlayan en önemli unsurlardan biri de, ekonomik imkanlardır. Para ile mutluluk olmaz ama, parasızlık da zordur. Bu sebeble, eşler geçimlerini sağlayacak helal bir kazanç sahibi olmalıdır.

Ancak, paranın da, kazancın da sonu yoktur. İnsan, daima daha çok kazanmaya ve bu hususta hiç doymamaya meyillidir. Güzeller Güzeli buyurur ki:

"-Bir insana, bir vadi dolusu altın verilse, doymaz da, ikinci vadi dolusu altını da ister."

Bu da insanın para ile imtihanıdır. İnsan, nefsinin gözünü hiç bir kazançla doyuramaz. Bu gerçeği bilen insana düşen görev, kanaat sahibi olmaktır. Lüksten ve savurganlıktan kaçarak, zaruri ihtiyaçlarını temin etmek ve onlarla yetinmek gerekir. Zira, özellikle de bugünkü tüketim ekonomisinin, "Eskiyi at, yeniyi al!" dayatmasına karşı direnmeyenler, ömürlerini para peşinde tüketiyorlar.

Böyle bir ömre yazık olmuyor mu? Yaşayacak bunca güzellik varken, her şeyi maddeden ibaret görmek ve ne

MUTLU EVLİLİK MUTLU YUVA

pahasına olursa olsun daha çok para peşinde koşmak, akıllıca bir iş midir?

Bunun akıllıca olmadığını anlamak için Batı dünyasının insanlarına bakmamız yeterlidir. Her şeyleri olan ama asla mutlu olmayan insanlar, bize hal diliyle çok şey söyleyeceklerdir eminim.

Batı dünyası, sürekli ihtiyaç üretiyor. Sonra da, bu ihtiyaçları karşılayacağı söylenen sayısız ürün, cazip reklamlarla sunuluyor. Her vesile ile, insan almaya, daha çok ve daha lüks almaya çağırılıyor. Kendini kontrol edemeyenler, bir şey almak için gittikleri mağazadan, bir çok şey almış olarak dönüyorlar.

Manevi tarafı zayıf insanlar, adeta bir alış-veriş canavarı olarak kendilerini tatmin etmek istiyorlar. Evler, sanki insanların değil de eşyaların rahat etmesi için hazırlanıyor. Ayda yılda bir defa bile kullanılmayan malzemeler dolduruyor evleri...

Alış-veriş sadece zenginlerin işi olmaktan da çıkarıldı.

"-Hazır paran yoksa, kredi kartın var" dediler. İnsan, olmayan parayı harcamaya başladı. Sonra da ağır faiz borçları altında bunalıma girip, ruh ve beden sağlığını kaybetti.

Aileler ezildi, üzüldü, hatta bazan bu sıkıntının verdiği çaresizlikle çatırdayıp yıkıldı.

Bütün bu felaketlerin temelinde, "Ayağını yorganına göre uzatmamak!" vardır.

Sanıyoruz ki, fazla eşya, fazla mutluluk getirecektir...
Oysa ki, nice az eşyalı kişi, gecekondularda mutludur.
Nice lüks eşyalı yalılarda ve köşklerde de yığınla mutsuzluk yaşanmaktadır.

* * *

Niçin daha çok eşya edinmek ister insanlar?

> **Mutlu bir yuva kurmak isteyenler, başkalarına göre değil, kendilerine göre yaşarlar.**

Bunun bir sebebi de, görenek belasıdır. "-Onun var da, benim niçin yok", düşüncesidir. Bu düşünce, içinde kıskançlık taşıyan bir ilkellik değil midir?

Mutlu bir yuva kurmak isteyenler, başkalarına göre değil, kendilerine göre yaşarlar.

"-Başkaları ne der?"

"-Bak komşu neler almış?"

"-Aaa, bak bunun yeni modeli gelmiş!"

Bu ve benzeri cümleleri sıkca söyleyenler, gözlerini iç dünyalarına çevirmelidirler. Hiç olmazsa, nazarlarını evlerine ve gerçek ihtiyaçlarına döndürmelidirler. Bulduklarıyla yetinmeyi bilmelidirler.

Güzeller Güzeli, "Kanaat, tükenmez bir hazinedir" buyurur. Kanaatın tersi olan aç gözlülük de, hem maddi, hem de manevi açıdan iflas etmek demektir.

Hiç bir varlıkla gözü doymayan, hep yeni ve lüks eşya peşinde koşanlar, bir gün yorgun düşüp de koşamaz olunca dehşete düşeceklerdir. Çünkü, bir de bakacaklar ki, eşlerinin ve çocuklarının kalbini kaybetmişlerdir.

Aile huzurunu kaybeden bir insanı, hangi kazanç ve zenginlik mutlu edebilir?

Aslında, gerekli mi, değil mi demeden alanlar, ödeyebilir miyim diye düşünmeden borçlananlar, iç dünyalarındaki bir boşluğu doldurmaya çalışmaktadırlar. Ama içteki maneviyat boşluğu, dıştaki alış verişle doldurulamaz ki...

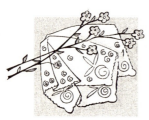

Bu hususta son söz şudur:

Mutlu bir yuva kurmak isteyenler, başkalarına göre değil, kendilerine göre yaşarlar.

Bazı gençler, evliliğe yüreklerini hazırlamadan evvel, evlerini ve eşyalarını hazırlamaya bakıyorlar. Tabii ki yanlış yapıyorlar. Evlilik hazırlığı paradan önce yürekle yapılır.

Her şey tamam olsun diyerek, evlilikten önce borçlanıp, evlilikten sonra da taksit ödemeye çalışan gençler mutluluğu zor yakalarlar. Çünkü, borç ödeme peşinde gerilen sinirler, çoğu zaman kavgaya, gürültüye sebeb olur.

* * *

Eğer, mutluluk için fazla mal, eşya, zenginlik lazım olsaydı, Efendimiz ve ailesi çok mutsuz olurlardı. Oysa ki, fakirlik içinde, en yüksek mutluluğu yakalamış olanlar onlardı. Devirleri, Asr-ı Saadet, yani Mutluluk Çağı olarak anılmaktadır.

Efendimiz'in sevgili kızı Hz. Fatıma'nın, çeyiz sandığına bakmak ister misiniz?

"1-Güzel bir seccade.

2-Üç adet minder.

3-Bir yastık.

4-Buğday öğütmek için bir el değirmeni.

5-Su tulumu, testi ve bardak.

6-Bir buğday eleği.

7-Bir örgü battaniye, havlu ve pösteki.

8-Bir yorgan.

9-Bir sedir.

10-Bir sofra bezi."

Güzeller Güzeli bu eşya için şu duayı yapmış:

"-Ya Rab! Sevmediğin israftan çekinen bu insanlara, bu eşyayı hayırlı eyle!"

* * *

BİZ EVLENİYORUZ

Ünlü Alman şair ve düşünürü Goethe, şöyle der:

"-İster kral, ister hamal olsun, dünyada en mutlu insan, aile huzuru olan insandır."

38- KÖTÜ ALIŞKANLIKLAR MUTLULUĞA ENGELDİR

Aile saadetini engelleyen en önemli hususlardan biri de, kötü alışkanlıklardır. İçki, uyuşturucu, sigara ve kahvehane kuşu olmak gibi hususlar, yuvayı sarsan fırtınalardır. Bu sebeble, kötü alışkanlık sahibi olan eş, bir irade ve azim gücü göstererek, zararlı alışkanlıklardan kurtulmalıdır.

Elbette ki böyle zor bir konuda eş desteği çok önemlidir. Eşinin verdiği güç ve moralle bir çok insan, kötü alışkanlığından kurtulmuş ve dolayısıyla da ailesini kurtarmıştır.

Aile saadetine engel olan kötü alışkanlıklar, sadece yukarıda saydıklarımız değildir. Yalancılık, laf taşıyıcılık, dedikodu gibi bir çok kötü alışkanlık da aile hayatını cehenneme çevirmektedir.

Bir çok hanımefendi, sabrı, iyi huyu ve aileyi kurtarma çabasıyla eşini batakhanelerden çekip çıkarmıştır. Yüreklerindeki şefkati, eşini kötü alışkanlıktan kurtarma yolunda kullanmışlar ve daima başarılı olmuşlardır.

Çünkü, kötü alışkanlığı olan eş, kendisini anlayışla, sevgiyle, sabırla karşılayan eşine karşı uzun süre direnememektedir. Ancak, eşinin kötü alışkanlığına dayanamayarak, kabalaşan, katılaşan ve ona öfkelenen eş, hep kaybeden taraf olmaktadır. Mesela şöyle düşünelim:

Eve sarhoş gelen ve kendine hakim olamayarak kapı önüne yuvarlanan eşine, "Daha beter ol!" diyen bir hanımefendi, kocası ile içki arasına girip onu kurtarabilir mi?

> Yalancılık, laf taşıyıcılık, dedikodu gibi bir çok kötü alışkanlık da aile hayatını cehenneme çevirmektedir.

Aile mutluluğunu mahveden kötü alışkanlıkların önüne, sadece sevgi ve şefkatle geçilebilir. Ancak, kötü alışkanlık sahibi eş de, elini vicdanına koyup insaflı olmalı, eşini ve çocuklarını üzen kötü alışkanlığını bir an önce terketmeye çalışmalıdır.

39- EŞ OLMAKTAN ÖNCE KUL OLMAK GEREK

Ailede mutluluk, ancak sağlam bir kulluk duygusuyla yakalanır. Rabbi ile sağlam bir sevgi iletişimi kuran insan, elbette eşini ve çocuklarını da çok sever. Yüce Yaratan'a kulluk bağıyla bağlanmış olan, sadece eşine ve çocuklarına değil, Allah'ın yarattığı her şeye sevgi besler.

Yunus Emre'mizin deyişiyle, "Yaratılanı, Yaratan'dan ötürü" hoş görür.

İlahi bir muhabbeti gönlünde taşıyan kişi, daha affedici ve bağışlayıcı olur. Çünkü onun örneği Efendimiz'dir. Güzeller Güzeli, bir durum hariç olmak üzere, erkeğin kadınına affedici olmasını istemiştir:

"-Kadının iffetsizliğinden başka kusurlarını affetmeye çalışınız."

Demek oluyor ki, erkeğin namusuna ve aile mahremiyetine leke düşürmemek şartıyla, bütün kabahatlarını affedici olmak, Efendimiz'ce tavsiye edilmektedir.

Güzeller Güzeli'ni örnek alan bir insan, eşini kulluğa teşvik eder. İbadet konusunda birbirlerini gayrete getirirler. Çocuklar da anne-babalarına bakarak, Allah'a el ve gönül açmaya alışırlar.

> **Eşler Allah'a samimi kul olurlarsa, Rahman da onları birbirine sevgili kılar.**

Birlikte ibadet etmek, namaz kılmak, dua etmek gönülleri birbirine daha çok yaklaştırır. Hele de kutsal ay Ramazan'da, ev küçük bir mabede döner. Sahur ve iftar heyecanı, teravih zevki, aileyi yüce ve kutsal bir mutlulukla yeniler.

Küçücük çocuklar bile bu heyecanı masum yüreklerinde hissedip, oruç tutmak isterler.

Eşler Allah'a samimi kul olurlarsa, Rahman da onları birbirine sevgili kılar.

Rabbimiz şöyle buyurur:

"-Sabrederek ve namaz kılarak Allah'tan yardım dileyiniz. Şüphesiz ki Allah, sabredenlerle beraberdir." (Bakara Suresi, Ayet:153)

40- AİLE MECLİSİ BÜYÜK MİLLET MECLİSİ'NDEN DAHA ÖNEMLİDİR

Her evde, bir AİLE MECLİSİ kurulmalıdır. Aile meclisi, en küçük çocuk da dahil, evin bütün fertlerinden oluşmalı. Her akşam 15 dakikalık bir oturum yapmalı, teklif edilen gündemi görüşmeli. Gündem maddesi teklif edilmezse, ya da görüşme kısa sürerse, evin en küçüğünün de anlayacağı bir kitap, aile fertleri tarafından sırayla okunmalı...

Aile meclisinde herkes, sevgi ve saygı üslubu içinde rahatça konuşabilmeli, düşüncesini rahatlıkla açıklayabilmeli...

Böyle bir ailede, medeni cesaret sahibi olan, duygu ve düşüncelerini güzel ve tam ifade eden gençler yetişir. Anne babalar da, çocuklarının duygu ve düşüncelerinden haberdar olurlar. Çocuklarının gelişimini adım adım izlemiş ve onlarla sevgi iletişimini koparmamış bulunurlar.

Elbette ki, aile meclisi toplandığında, herkesin gönlü ve gözü birbirinde olmalı, araya başka bir meşgale sokulmamalıdır.

Özellikle de, televizyon denilen muhabbet düşmanına kesinlikle fırsat verilmemelidir.

Böylece, anne baba, birbirini ve çocuklarını, çocuklar da birbirini ve anne-babalarını çok daha yakından tanıyıp, daha derinden anlayacaklardır. Aile fertleri birbirini tanıyıp anladıkça, aralarındaki sevgi de daha derin ve yoğun olacaktır. Yani aile bir yandan birlikte öğrenecek ve bilgi seviyesini yükseltecek; diğer yandan da sevgi kalitesini artıracaktır.

Eğer eşler, televizyon karşısında geçirdikleri süreyi, her gün aile muhabbetine ayırsalar, aralarına hiçbir ayrılık giremez. Televizyona ayırdıkları sürenin yarısını, her gün çocuklarına ayırsalar, onları çok güzel yetiştirebilirler.

Çünkü, ülkemizde, maalesef, aileler her gün ortalama 4 saat televizyon seyretmektedirler.

Aile saadetinin önündeki en büyük engellerden biridir televizyon. Çünkü, insanları göstere göstere her türlü laçkalığa alıştırmaktadır.

Aile meclisini kuran ev, kaliteli insan yetiştirir. Dolayısıyla da, gelecekteki Büyük Millet Meclisi'ne kaliteli vekil yetiştirme okuluna dönüşür. Ya da Meclis'in denetimini yapacak, işleyişini yönlendirecek ve etkileyecek bilinçli insanların ocağı olur.

Bu sebeple, evlerde kuracağımız aile meclisi, Büyük Millet Meclisi'nden bile daha önemlidir.

> Aile meclisi toplandığında, herkesin gönlü ve gözü birbirinde olmalı, araya başka bir meşgale sokulmamalıdır.

41- MADDİ AÇIDAN DAHA AŞAĞIDAKİLERE BAKMALI

Mutluluk isteyen ailede, eşlerin gözü, maddi olarak kendilerinden daha aşağıda bulunanları görmelidir. Böylece kendi seviyelerinden aşağıda bulunan insanlara bakıp hallerine şükretmeliler.

Manevi açıdan da kendilerinden daha iyi durumda bulunanlara bakıp, kendilerini geliştirme ve yetiştirme hususunda gayrete gelmelidirler.

Maddi açıdan yüksekte bulunanlara, manevi açıdan da daha geride duranlara bakarlarsa, ölçüyü tersine çevirmiş olurlar. Bu durum ise, maddi bakımdan insanın canını sıkar, moralini bozar. Manevi açıdan da gerilemeye sebeb olur.

Oysa ki insan, maddi manevi her açıdan, elinden gelen bütün çalışmayı yaptıktan sonra, ortaya çıkan sonuca razı olmalı ve "Olanda hayır vardır" diyebilmelidir.

Eğer bir karı koca, hep daha zenginlere bakıp, sürekli hayıflanma, haset ve kıskanma içinde kıvranırlarsa, nasıl mutlu olacaklardır?

Ama gönül zengini kişilere ve ailelere bakıp örnek almak, ibret almak ve onlara benzemeye çalışmak; mutluluğa doğru atılan adımlar olacaktır.

Sanıyorum ki, akıllı ve mantıklı aile fertleri başka türlü davranamazlar.

42-EVHAM VERECEK ŞEYLERİ ANLATMAMALI

Eşler, birbirlerini sevgileri hakkında şüpheye düşürecek davranışlardan şiddetle kaçınmalıdırlar. Yanlış anlaşılmaya müsait hareketlerden, sözlerden ve hatta şakalardan uzak durmalıdırlar.

Bu konudaki önemli yanlışlıklardan biri de şudur:

Eşlerden biri, bekar iken yaşadığı bir takım olumsuzlukları eşine anlatır. Bu gibi anlatımların, eşini şüphelendirmekten ve evhamlandırmaktan başka hiç bir faydası yoktur.

> Bir kadın kocasına, başka kadınları, özellikle de onların mahrem hallerini, ya da kendisine verdikleri sırları asla anlatmamalıdır.

Tevbe edilmiş günahları Allah affediyor. Eşler de birbirinin geçmişte kalan hata, kusur ve günahlarını eşelemeyi bırakmalı, tekrarlanmamak şartıyla işlenmemiş saymalıdırlar.

Karı kocanın arasını açacak bir takım gençlik haberlerini bilenler de dedikodu konusu yapmamalıdır. Kesin olarak bilelim ki, aileyi ayırmaya ve yıkmaya sebeb olan her söz ve hareket, insanlık dışıdır ve aynı zamanda günahtır.

Geçmiş günahların işleyene yüklediği tek sorumluluk, bir daha işlememek üzere ciddi bir tevbe etmektir. Güzeller Güzeli, "Günahına gerçekten tevbe edenin hiç günah işlememiş gibi" olduğunu bildirmiştir.

Eşlerin önemli bir hatası da, birbirlerine başka kadın ve erkekleri anlatmalarıdır. Bu hususu, Efendimiz şöyle açıklar:

"-Hiç bir kadın, kocasına başka bir kadını tasvir edip, özelliklerini anlatmasın. Öyle ki, kocası sanki o kadını görüyormuş gibi olur."

Bir kadın kocasına, başka kadınları, özellikle de onların mahrem hallerini, ya da kendisine verdikleri sırları asla anlatmamalıdır. Çünkü bu suretle, erkeğin en zayıf yanlarından biri harekete geçebilir ve hiç de arzu edilmeyen meyilleri uyanabilir.

Yine erkeğin aynı hassasiyeti bakımından, sinemada, ya da televizyonda, açık saçık davranan hatunlar, eşler tarafından birlikte ya da yalnız seyredilmemelidir. Böyle bir yanlışlık yapıldıysa, anlatılmamalıdır.

Erkek etkilenir diyoruz ama, daha çok etkilenir ve daha fazla yanlışa meyleder demek istiyoruz. Bu ifademizden hanımların hiç etkilenmeyeceği manası çıkarılmamalıdır.

43- HİTAP ŞEKLİNİZ SEVGİNİZİ YANSITMALI

Eşler birbirine hitap ederken, saygılı bir sevgi göstermelidirler. Hem eşine seslenirken, hem de onun yokluğunda kendisinden söz ederken, adını söylemelidirler. Ahmet Bey, Mehmet Bey, Ayşe Hanım, Fatma Hanım gibi...

Ancak, evde veya yalnızken daha samimi ve sevgi dolu kelimeler kullanmak, elbette daha isabetli ve muhabbetli olur. Mesela, "Canım, meleğim, sevgilim, aşkım, kadınım, bir tanem, gülüm, gözüm" gibi...

Mevlana der ki, "Bir küp, içindekini sızdırır. Eğer küpün içinde bal varsa, dışarıya bal sızdırır. Böyle bir küpün üzerinde arılar uçuşur.

Eğer küpün içinde sirke varsa, dışına sirke sızdırır. Bu küpün üzerinde de sinekler uçuşur."

İnsan kalbi de, içindekini dışarıya sızdıran bir küp gibidir. Eğer içinde baldan tatlı bir sevgiyi barındırıyorsa, dışına söz ve eylem olarak onu sızdırır. Böyle bir eşten, özellikle de eşine, baldan tatlı sözler, hareketler, tavırlar yansır.

Kalbinde, turşu suyu, ya da sirke gibi acılı, ekşili sevgisizlikler saklayanlar da, dışına itici, usandırıcı, kaçırıcı, tiksindirici hal ve tavırlar yansıtırlar.

Eşinize söylediğiniz sözler ve seslenme şekli de, içinizdeki sevgiyi, ya da sevgisizliği dışınıza yansıtmaktadır.

Sesiniz, sözünüz, haliniz ve tavrınız, içinizdeki samimi sevgiyi yansıtıyorsa; eşinizin size olan sevgisinden endişelenmeniz yersizdir.

Çünkü sevdiğiniz gönülce sevilirsiniz.

Böyle bir dost, dostuna şöyle diyor:

"-Beni çok sevdiğini biliyorum!"

Dostu merak edip soruyor:

"-Nereden biliyorsun seni çok sevdiğimi?"

Cevap gayet sade ve ikna edici olmuş:

"-Çünkü, ben de seni çok seviyorum. Senin kalbinde bana sevgi olmasa, ben de seni böylesine sevemezdim."

Sevenler, sevdiklerine, tabii ki sevgi dolu kelimelerle seslenirler.

Bazan da sevgi sözleri, kişiye mahsus özellikler taşır. Eğer bir eş böyle bir hitaba alışkın değilse bile, eşinin hitabına hoşca bakmalıdır.

Mesela, eşine, "Kedim, mırnavım, kanaryam, serçem, miniğim, minik kuşum" ve benzeri bir takım şekillerde seslenenler vardır. Gerçekten de bu hitap şekilleri size fazla sıcak gelmeyebilir.

Ancak, madem ki içinde sevgi vardır, kalbinize ve kulağınıza hoş gelmese bile kabul ediniz, benimsemeye çalışınız. Ancak bir eş, ne kadar sevgi yüklerse yüklesin, eğer bir hitap şekli eşinin hoşuna gitmiyor, hatta onu üzüyorsa, söylemekte ısrar etmemelidir.

Dedelerimiz, hanımlarından, "dahiliye vekili (içişleri bakanı), refika (arkadaş), zevce (eş)" gibi kelimelerle bahsederlerdi. Ama, şakalı ifadelerle de eşlerini ananlar olurdu. Mesela, "kaşık düşmanı" derler, bu deyiş, muhataplarını kızdırmak yerine tebessüm ettirirdi. Onlar eşlerine hitap şekilleriyle, hep sevgiyi artırmışlar, muhabbeti çoğaltmışlardı. Biz de onların torunlarıyız.

Bize düşen de, eşimize sıcak, sımsıcak seslenişlerdir. Eşimizi çok iyi tanıdığımızda, onun bizden duymayı sevdiği sevgi seslenişlerini de çok iyi bileceğiz demektir.

44-EVLİLİK, PAYLAŞMA SANATIDIR

Evlilik, paylaşma sanatıdır. Ancak, bu sadece evi, sofrayı, yatağı, eşyayı paylaşmak değildir. Maddi paylaşımların adaletli ve karşılıklı güven içinde olabilmesi için, önce duygu ve düşüncelerin paylaşılması gerekir.

Evlilik paylaşmaktır ama, önce duygu, düşünce ve inanç paylaşımıdır. Çünkü, insanları anlaştıran dil, ağızlarındaki değil, gönüllerindeki dildir.

Duygu, düşünce ve inançta paylaşım yoksa, aile fertleri, aynı çatı altında birbirinden tamamen ayrı yaşayan bağımsız fertlerden oluşuyor demektir.

Aynı evde, ayrı yaşayanlar, zamanla birbirlerinden sıkılmaya başlarlar. "İnsanların birbirlerinden sıkılmalarının sebebi, fizik olarak birlikte olmalarına rağmen; zihin ve ruh olarak birbirlerinden uzak durmalarından kaynaklanır."

Duygu, düşünce ve inançta paylaşımı ve ortaklığı artırmak için, aile fertleri aynı kültür kaynaklarından beslenmelidirler.

Bunun için de aynı kitabı birlikte okumak çok faydalıdır. Aynı büyüğü birlikte dinlemek de, kafa ve kalp birliğine götürür. Aynı müzik, aynı konferans, aynı gezi, insanları birbirine yaklaştırır.

Dolayısıyla, "Hep bir ve beraber olmak, daima aynı güzellikleri paylaşmak, evliliğin özüdür" denilebilir.

Ancak, unutulmamalıdır ki, manevi paylaşımı olmayanlar, maddi paylaşımı da beceremezler ve hemen işi kavgaya gürültüye dökerler.

Hatta bu hususta ileri gidenlerin, daha evlenmeden önce, ilk öğrendikleri şey, boşandıklarında paylarına düşecek para, mal ve eşya sayısıdır.

Evet, evlilik paylaşmaktır ama, önce duygu, düşünce ve inanç paylaşımıdır. Çünkü, insanları anlaştıran dil, ağızlarındaki değil, gönüllerindeki dildir.

Duygu paylaşımını Bediüzzaman şöyle açıklar:

"-İnsanın en fazla ihtiyacını tatmin eden, kalbine karşılık bir kalbin bulunmasıdır ki, her iki taraf sevgilerini, aşklarını, şevklerini birbirleriyle paylaşsınlar. Lezzetlerde birbirlerine ortak, gam ve kederli şeylerde de yardımcı olsunlar."

Huzur ve mutlulukta olduğu kadar, tasada, gamda ve kederde de paylaşımcı olmak, evliliğin temel harcıdır.

Bu paylaşımı beceremeyenler, gerçek manada aile kuramazlar.

Yürek paylaşımında başarılı olanları, ölüm bile birbirinden ayıramaz.

45-YÖRE VE YEMEK FARKI FARKETMEMELİ

Değişik yörelerden yetişmiş insanlar da yuva kurmaktadırlar. Bu çok güzel bir anlaşma ve kaynaşma fırsatıdır. Ancak, bilinmelidir ki, her yörenin kendine ait değişik adet ve gelenekleri vardır.

Bir eş, eşine illa da kendi adet ve geleneklerini dayatmamalıdır. Kendi alışkanlığının ve görgüsünün sıkı bir savunucusu olan eş, diğer adetleri küçümsüyor, hatta yok sayıyor demektir.

BİZ EVLENİYORUZ

> **Anlayışlı eşlere düşen, adetlerin ayrılığından bir gayrılık çıkarmak değildir. Tam tersine, ayrı adetleri bir çeşitlilik ve kültür zenginliği olarak benimsemeye çalışmaktır.**

Böyle bir durum, ailedeki uyumu zedeler, hatta tahrip eder. Eşler, birbirinin adet ve alışkanlıklarına, en azından saygı göstermelidir.

Mesela, Güneydoğu bölgemizde yetişenlerin çiğ köfte yeme alışkanlığı vardır. Bir Güneydoğulu, eğer Karadenizli biriyle evlenmişse, ne yapmalıdır?

Güney Doğulu eş, Karadenizli eşine, "Sen ne biçim adamsın, çiğ köfte yoğurmak bir yana, yemesini bile bilmiyorsun! Çiğ köfte sevmeyen adam, yemek zevkinden ve lezzetinden bahsedemez!" diyebilir mi?

Karadenizli de ona, "Asıl sen ne biçim bir insansın? Kara lahana dolmasını bile bilmiyorsun. Mıhlamadan anlamıyorsun. Kuymaktan hiç haberin yok!"demeli mi?

Anlayışlı eşlere düşen, adetlerin ayrılığından bir gayrılık çıkarmak değildir. Tam tersine, ayrı adetleri bir çeşitlilik ve kültür zenginliği olarak benimsemeye çalışmaktır.

Mesela eşiniz çiğ köfte yoğururken, onu küçümsemeyin. Eğer siz onun yoğurduğu çiğ köfteyi yiyemiyorsanız, bundan dolayı özür beyan edin.

"-İnşaallah bir gün alışacağım çiğ köfteye" deyin.

Hatta çiğ köfte yoğuran eşinize yardım edin, malzemesini hazırlayın, yanında durup, terleyen alnını silin. Bu davranışınızla, eşinizin sevgisini daha çok hak edeceksiniz.

Zira, eşiniz yiyemediğiniz bir yemek konusundaki ilginizi ve yardımızı, kendisine olan sevginize bağlayacak ve sizi daha çok takdir edip, daha fazla sevecektir.

Elbette ki, siz de Karadenizli eşinizin, lahana dolmasını, mıhlamasını, kuymağını yemeseniz bile aynı alaka ile karşılayacaksınız.

Zaten bu ilgi ve titizlik, bir süre sonra, sizi aynı damak tatlarında da buluşturacaktır. Gerçek sevginin yapamıyacağı iş yoktur. Bu sebeble, ağzınız yanarak da olsa, eşinizin sevdiği çiğ köfteyi siz de yiyecek ve tat alacaksınız.

Zira sevgi, bırakın çiğ köfteyi, zehiri bile bal eyler.

Gerçekten birbirini sevmeyenler ise, aynı yörenin insanı olarak, aynı yörenin yemeğini yerken bile kavga ederler. Çünkü kavga etmenin olur olmaz bir çok sebebi vardır. Sebeb yoksa da icat edilir.

Mesela, çorbanın tuzu, salatanın limonu, pilavın karabiberi, ya eksik olur, ya da fazla... Tetikte duran sevgisizlik, mutlaka patlayacak bir sebeb bulur ve kavga başlar.

46- EŞİNİZLE ŞAKALAŞIN

Şaka yapmak, neşeli insanların alışkanlığıdır. Bu yüzden şaka yapılan evde mutluluk çoğalır ve bereketlenir.

Bir ailede şaka ne kadar gerekliyse, alay etme ve dalga geçme de, o kadar tehlikeli ve zararlıdır.

Çünkü şaka, sevecenlik, yakınlık, sıcaklık barındırır muhtevasında; alay etmekte ise küçümseme ve aşağılama vardır. Dolayısıyla birbiriyle alay eden eşlerin aralarında ciddi bir sevginin varlığından sözedilemez.

Hele de bunu başkalarının yanında düşüncesizce yapabilenler, mutsuzluğa davetiye çıkarmış olurlar.

Değişik yöreden gelen eşlerin şiveleri, konuşma farklılıkları, şaka konusu olabilir ama, iş asla alay etmeye dönüştürülmemelidir.

> Değişik yöreden gelen eşlerin şiveleri, konuşma farklılıkları, şaka konusu olabilir ama, iş asla alay etmeye dönüştürülmemelidir.

Atalarımız, şaka hususunda da aşırı gitmemeyi, işi "Eşek şakasına vardırmamayı" tavsiye etmişlerdir. Özellikle de çocukların yanında, aşırıya kaçan, birilerini rencide edebilecek şakalardan kaçınmalıdır. Hele de açık saçık fıkraları, neşe olsun diye anlatan anne baba, hem kendi eliyle kendi saygınlığını azaltır, hem de, evladına kötü örnek olur.

Dikkat ederseniz, eşinize şaka yapın demiyoruz, "EŞİNİZLE ŞAKALAŞIN" diyoruz. Çünkü bazı eşler, şaka yapmaktan hoşlanıyor ama, kendisine şaka yapılmasını istemiyor. Bu, hatalı bir tutumdur. Eğer bir davranış güzelse, bu tek taraflı değil, çift taraflı uygulanabilmelidir.

Bu bakımdan, "Ben şaka yaparım ama, bana şaka yapılmasından hiç hoşlanmam diyen" yanlış düşündüğünü kabul etmelidir. Ayrıca, şaka karşılıklı olunca, kırıcı boyutlara varması da kendiliğinden önlenir. Çünkü, insan kendisine yapılmasını istemediği bir davranışı, kendisi de yapmamak mecburiyetindedir.

47- DIŞARIDAKİ KADINLARDA OLAN, EŞİNİZDE DE VARDIR

Bazı erkekler görünüşe aldanırlar. Caddede, sokakta veya işyerinde gördükleri makyajlı, şık giyimli, süslü veya şuh halli kadınlara bakarlar, bazan da hayranlık duyup meylederler.

Bu gibi durumlarda, hanımlara çok önemli bir görev düşmektedir:

Beylerinin hoşuna giden kadınları, giyimde ve şıklıkta sollamak, onlardan daha fazlasını yaparak beylerini haramdan korumak...

Zira bir insanın, dışarıda görüp de beğendiği bir hanımda her ne varsa, onların hepsi evdeki eşinde de vardır.

Ancak, dışarıda görülen hanım, sahip olduğu kadınlığı, allayıp pullayıp sergiliyor; diğeri ise, görevi olduğu halde, evde eşine bile kadınlık marifetlerini gösteremiyor...

Bu durum, bir hanım için çok büyük bir vebaldir. Çünkü erkeğinin girdiği bütün haramlara sebeb olmuş sayılır. Çok iyi bilinmelidir ki; "Bir şeye sebeb olan, o şeyi yapmış gibidir."

Erkekler de, kendilerini cezbeden birine rastladıklarında, hemen takılıp kalmamalıdırlar. Düşünmelidirler ki, dışarıdaki bu kadında olan her şey, kendi eşinde de vardır.

> **Kibarlığı, zarafeti, temizliği ve şıklığı bir araya getiren her kadın güzeldir. Hele de şefkat mayasıyla mükemmelleşmiş güzel ahlak, kadını güzellik kraliçesi yapar.**

Şu gerçeği unutmayalım: "Çirkin kadın yoktur, kendi güzelliğinin farkında olmayan kadın vardır. Allah her insanı güzel yaratmıştır ama, kadınları daha da latif, sevecen ve güzel yaratmıştır. Güzellik, sadece bir takım ölçüleri tutturmak, fiziki uyum, renk, şekil ve biçim değildir. Bütün bu özellikleri gerçekten hayatlandıran ve sevimli hale getiren gönül güzelliğidir. Kibarlığı, zarafeti, temizliği ve şıklığı bir araya getiren her kadın güzeldir. Hele de şefkat mayasıyla mükemmelleşmiş güzel ahlak, kadını güzellik kraliçesi yapar.

Şu halde her kadın, birazcık ihtimamla, içinin güzelliğini dışına yansıtarak, en azından çirkin görünmekten kurtulabilir.

Eğer hanımefendi kadınlık sanatını beceremiyorsa, eşi bu hususta ona isteklerini söyleyerek yol göstermeli ve nazikçe yardımcı olmalıdır.

BİZ EVLENİYORUZ

Gözü ve gönlü evde doymuş olan erkekler, dışarıdakilere gözlerini dört açmazlar, dolayısıyla da dikkat edip görmediklerinden etkilenip yanlış işler yapmazlar.

Güzeller Güzeli, "İlk görüşte günah yoktur" buyurur. Tehlikeli olan bu görüşü isteyerek devam ettirmek, ya da kendini kurtaramayarak bakışı tekrarlamaktır.

Erkekler, kendilerine hakim olmalı, nefislerine esaretten kurtulmalı; hanımlar da onları kendilerine bağlamasını bilmelidirler. Ancak bu suretle aile kazaları önlenebilir; karı-koca arasına da bir başkası giremez.

48-TENKİTTEN, KISKANÇLIKTAN, NAZARDAN SAKINMALI

Eğer, aile fertlerinden birine, dışarıdan bir tenkit, ya da itham gelirse, evdekiler bunu birlikte göğüslemelidirler. Böyle bir zamanda birbirlerine destek olmalı ve asla yalnız bırakmamalıdırlar.

Bir itham ve tenkit karşısında kalan aile ferdine, diğerlerinin ilk tavrı, güzel zan beslemek olmalıdır. Başkalarıyla birlikte, hemen o tenkide, ya da ithama katılıp, "Demek sen böyleymişsin" tavrına girmek, ne eşe, ne de evlatlara yaraşır.

Böyle bir durumda, tenkide uğrayan eş, gereken sevgi ve şefkatle hemen kuşatılmalı. Birlikte konuşulmalı. Durum dikkatle değerlendirilmeli.

Eğer yapılan tenkitte haklılık payı varsa, bunun düzeltilmesi için, bütün aile fertleri birlikte harekete geçmelidir. Eğer yapılan tenkit doğru değilse, söylentiye hiç önem vermemelidir.

İster içeriden, ister dışarıdan gelsin, bu tür söylentilerin üzerine heyecan ve öfkeyle gitmemeli; tam tersine, duymazlıktan gelmelidir.

Eğer, hakkımızda yapılan eleştiri doğru ise, hemen düzeltmeliyiz. Bu uyarıyı yapana da, bir eksiğimizi gidermeye yardımcı olduğu için teşekkür etmeliyiz.

Eğer, hakkımızda söylenen asılsız bir şeyse, böyle bir kusurdan bizi uzak tuttuğu için, Rabbimiz'e şükretmeliyiz.

Bilmeliyiz ki, iyiliklerimiz Rabbimiz'den, kötülüklerimiz nefsimizdendir.

* * *

Bazı kişiler kıskançlık duygularını, olur olmaz tenkitlerle gösterirler. Bu sebeble, tenkidi yapanın kişiliğini iyi tanımalı, sözlerine de ona göre değer vermelidir.

İyi insanlar, iyi niyetle ve sevgi üslubuyla, düzeltmek için eleştirirler. Bazıları da, yıkmaktan, birbirine düşürmekten zevk alırlar. Sevgisiz ve acımasız bir üslupla, ruhları yaralamaya çalışırlar. Böylelerine karşı çok dikkatli olmalı, elden geldiğince onlardan uzak durmalıdır.

Bir de kem gözlüler vardır. Kıskançlıkları insanı göze getirir, perişan eder. Atalarımız, "Göz değmesi, insanı mezara, deveyi kazana sokar" demişler.

Bu olumsuz etkiden kurtulmak için, daima ibadete ve duaya sarılmalı; bolca Ayet'el Kürsi, Felak, Nas, Fatiha ve İhlas surelerini okumalıdır.

Kem gözlülerin nazarından sakınmak için, insan sahip olduğu varlığın bütününü, her yerde açıklamamalı. Mutluluğunu olduğu gibi gözler önüne sermemeli.

Kısacası, insan çevresindekilerin kıskançlığını çekecek derecede, maddi ve manevi kazançlarını sergilememelidir.

İnsan çevresindekilerin kıskançlığını çekecek derecede, maddi ve manevi kazançlarını sergilememelidir.

BİZ EVLENİYORUZ

Bazı insanlar, gereksiz yere, aile mutluluğunu anlatır durur. Bazıları da daima çok kazandıklarını, dolayısıyla da ne kadar iş bilir insanlar olduklarını gösterip takdir toplamak isterler. Kimi gücünü, kimi güzelliğini ortaya koyup üstünlüğünü ve ayrıcalığını isbatlamaya çalışır.

Ancak, bütün bu ortada oluşlar, kötü bakışları da çeker ve üzerinde toplar. İşte bu olumsuz etkilerden kurtulabilmek için, insan her işine daima "Euzü-Besmele" ile başlamalı. Mümkün mertebe abdestli bulunmalı. Büyüklerden dua almalı. Özellikle de anne-baba ve eş duasını çokca istemelidirler.

49- HAYAT MÜŞTEREKTİR

Hayat müşterektir. Dolayısıyla evdeki bütün işlerde, iş bölümü yapmalı, ağırlıklar paylaşarak hafifletilmelidir. Daima, sıkışık durumda kalan eşin yardımına koşulmalı, "Ne yapalım, bu senin işin!" dememelidir.

Çünkü ev hayatı, muhabbet mihveri etrafında döner. Muhabbet ise, fedakarlık, feragat ve digergamlık ister. Eş ve evlat sevgisi, daima vericilik gerektirir.

Bir evde, eşler, "Ne verdim, ne aldım" hesabını yapmaya başladıysa, orada muhabbet alarm veriyor demektir.

Asıl sevgi, alacak hesabı yapmadan vermektir. Hep vermek, daima vermek, almayı düşünmeden vermek, gerçek sevgidir...

Bu sebeble, evdeki iş bölümü, şirketlerdeki iş bölümüne benzetilmemelidir.

Hanım beyine, bey de hanımına daima yardım etmelidir ama, bunlar birbirlerinin yerine geçmeye çalışmamalıdır. Zira, erkek erkektir, kadın da kadın. Bu ikisi asla birbirinin aynı olamaz.

Zor durumda kalmış, sıkışmış olan eşine yardım ederken nelere dikkat etmelidir:

a) Bir eş, yardım ettiği eşini hiç bir zaman minnet altında bırakmamalıdır. Mesela, "Yine bana muhtaç oldun. Ben olmasam, ne yapardın bilmem" gibi cümleleri hatırına bile getirmemelidir.

b) Eşini, işini yapamamakla ve beceriksizlikle itham etmemelidir. "Sen ne işe yararsın ki!.. Bu basit şeyi bile yapamadın, yazıklar olsun! Sen hiç doğru dürüst bir iş yapamaz mısın!" gibi sözler ağzından çıkmamalıdır.

Eşinizin isteğini yerine getirmeseniz bile, bunu yumuşak ve saygılı bir uslupla açıklayınız.

c) Eşine yaptığı yardımı gönülsüz, isteksiz ve kerhen değil; içten, isteyerek ve severek yaptığını hissettirmelidir. Mesela, "İyi ki sıkıştın da birlikte çalıştık, ne güzel oldu. Beraber bir iş yapmayı özlemişim. Seninle birlikte çalışmak da çok güzel" demeli...

50-EŞİNİZE HAYIR DEMEYİN

Eşinizin makul ve mantıklı isteklerine, "Hayır!" demeyiniz. Eğer yerine getirebileceğiniz bir şeyse, gereğini yapıp onu sevindirin. Eş ve evlat için harcanan paranın sadaka sevabı kazandırdığını unutmayınız.

Ancak, yerine getiremeyeceğiniz bir şey isteniyorsa, bunu da niçin yapamıyacağınızı ikna edecek şekilde açıklayınız.

"-Olmaz, yapamam!" diyerek, kestirip atmayınız.

Yapamayacağınızı daha yumuşak, daha saygılı bir üslupla açıklayınız. Mesela, söze şöyle başlayabilirsiniz:

BİZ EVLENİYORUZ

"-Aslında, bunu yapmayı ben de çok arzu ederdim ancak..."

Evet, söze böyle başlayarak isteneni neden yapamayacağınızı anlatabilirsiniz.

Ya da söze şu girişle başlasanız, eşinizi ikna etmeniz kolaylaşmaz mı: "Ne güzel bir düşünce, çok güzel bir teklif... Fakat..."

Bu giriş, eşinize ve onun düşüncesine verdiğiniz değeri gösterir. Eşinize böyle saygılı ve değer veren bir üslupla söze başlarsanız, gerisi kolaylaşır. Eşinizi anlattığınız doğruya getirmeniz çok kolaylaşır. Kendi fikrinde ısrarlı bile olsa, en azından kendisine böylesine değer veren ve saygı gösteren bir insanı üzmemek için, anlattıklarınıza daha kolay "Peki" der.

* * *

Eğer verdiğiniz bir sözü zamanında ve kararlaştırdığınız gibi yerine getiremediyseniz, özür dilemekten asla çekinmeyiniz. Çünkü, özür dilemek, eşinizin gözünden düşmenize değil, tam aksine değerinizin artmasına sebeb olur.

Üstelik, o da bir sözünü yerine getiremediğinde, sizden özür dileyecektir.

Atalarımız, ne güzel demişler: "Öl, söz verme! Öl, sözünden dönme!"

Bir eşin, yapamayacağını bile bile söz vermesi, yani eşini açıkca aldatması ise, çirkin bir sevgisizlik örneğidir.

Eşinizden bir şey isterken, bunun gerçekten ihtiyacınız olup olmadığını iyice düşünün. Çünkü, istek başka, ihtiyaç başkadır.

İstenen gerçekten ihtiyaçsa ve siz onu giderebilecek durumdaysanız, eşinize asla "Hayır!" demeyiniz.

Batılı bir uzman olan M. Morgan hanım, kadınlara

şöyle sesleniyor:

"-Eşinizin yaptığı tekliflere, hayır demeyin. Biliyorum sevgili hanımlar, iki ayrı kişiliğin birbiriyle bağdaşması kolay değildir. Ama unutmayın, elinizde tutmaya çalıştığınız, kendi mutluluğunuzdur.

Mesela kocanız, "Şekerim, yemekten sonra yürüyüşe çıkalım" derse, "İyi ama..." kelimeleriyle başlayan bir cevap kadar kötüsü yoktur.

Siz siz olun, kocanız bir teklifte bulunduğu zaman, "Bilmem ki..." diye cevap vermeyin. "Harika bir fikir", ya da "Ah ne güzel olur" gibi olumlu kelimeler kullanın.

Kocanızın teklifi karşısında, başınızdan aşağı bir kova soğuk su dökülmüş gibi de olsa, bunu sakın ona belli etmeyin. Çünkü, size önderlik edemediğini hissettiği anda, sizden soğuyabilir.

En iyisi, siz önce kendi tercihinizi ortaya koyun ve onun karar vermesini bekleyin.

Planı yapamasanız da, kocanızın gönlünü yapabilirsiniz."

Morgan Hanım, bu konuda kendi tavsiyelerine uyanlardan örnekler veriyor. İşte, kocasına "Hayır" demiyerek kazananlardan bir örnek:

"-Hanımefendi, akşam için iyi bir ziyafet sofrası kurmayı planlamış. Her türlü hazırlığını yapmış. ikindi üzeri güzel bir banyo yapmış. Sofraya çok romantik bir görünüm kazandırmış. Kendisi de eşinin en çok hoşlandığı bir elbisesini giyerek, beklemeye başlamış.

Nihayet kocası gelmiş. Yemeğe başlamışlar. Başlamışlar ama, eşinin başlamasıyla bitirmesi bir olmuş. Hemen aceleyle kalkmış ve "Arkadaşlarımla buluşacağım, acele gitmem, çıkmam gerekiyor" demiş.

BİZ EVLENİYORUZ

Kadıncağız, bir an, o gece için hazırladığı sürprizleri düşünmüş, tam ağzını açıp kıyameti koparacakmış ki, birden kendine gelmiş. Sinirlerine hakim olmuş, kendini durdurmuş. Çünkü o anda kendini tatmin edip, kocasını kaybetmek istemiyormuş... Dolayısıyla da sonunda kazanmak isteyenlerin yapması gerekeni yapmış...

Kocası ayrılırken, sarılıp öpmüş onu ve kulağına şu cümleleri fısıldamış:

"-Pekala tatlım, uğurlar olsun. Ama seni bugün çok özleyeceğim ve bekleyeceğim..."

Belki zor inanacaksınız ama, o gece 12'de geleceğini söyleyen eşi, saat 8'de evdeymiş.

Sayın Morgan bu olaydan sonra sözlerine şöyle devam ediyor:

"-İşte böyle sevgili hanımlar. Görüyorsunuz ki, elimizden hiç bir şey kurtulmuyor. Ama karşılığında sadece biraz fedakarlık gerekiyor.

Geçen gün bir futbol maçında, iki hanım arasında şöyle bir konuşma çalındı kulağıma:

"-Kocanın futbol delisi olduğunu bilirim şekerim. Ne o, yoksa sen de mi tutuldun futbol hastalığına?"

Diğer kadının cevabı çok bilgece olmuş:

"-Futbol hastalığını da nereden çıkardın? Ben kocamı seviyorum sadece..."

Mutluluğu bu kadınlar gibi yakalamanın sırrını ise şöyle açıklıyor:

"-Bir kadın ne zaman güzel ve vazgeçilmez olur, biliyor musunuz sevgili hanımlar?

-Kocasına boyun eğdiği zaman.

O halde siz de,

1) Dizginleri kocanıza bırakın.

2) Kendinizi ona benzetmeye çalışın.

3) İnattan vazgeçin.

4) Ona hizmet etmeğe gönüllü olun.

5) Onu olduğu gibi kabul edin. Yiyeceklerini, dostlarını ve yaşantı tarzını benimseyin.

6) Arasıra yapılmasını istediği bir değişiklik olup olmadığını sorun.

7) Bu arada, kralın kölesi değil, KRALİÇESİ olduğunuzu da hatırınızdan çıkartmayın.

İşte o zaman, emin olunuz ki, kocanızın gözünde, eşsiz bir mücevher niteliği kazanacaksınız."

Ünlü Amerikalı uzman Hanım, bu tavsiyeleriyle, bir çok aileyi mutlu ettiğini, bir çoğunu da yıkılmaktan kurtardığını misalleriyle anlatıyor.

51- ARADIĞINIZ ÖZELLİK ÖNCE SİZDE BULUNSUN

Eşler birbirini oldukları gibi kabul etmeli. Ancak, eşinde kendini çok rahatsız eden bir alışkanlık görürse, bunu acele etmeden, kırıp dökmeden, sevgiyle değiştirmeye çalışmalıdır.

Ancak, belli bir yaştan sonra, davranışları değiştirmek oldukça zordur. Bu sebeble, eşimizden istediğimiz davranış değişikliği için ona zaman tanımalı ve başaracağına dair de moral desteği vermeliyiz.

Eşinin olumlu bir konuda değişme çabasını gören kişi, bunu takdirle karşılamalı, onu tebrik etmeli ve tamamıyla başaracağına inandığını söylemelidir. Böylece, bu güzel çabayı desteklemeli, ancak, yarım veya eksik kaldığı yerde de, olabilene, ortaya çıkana razı olmalıdır.

Eşinde olumlu bir değişiklik yapmak için en etkili yol, istediği değişikliği önce kendisi yaşayarak ona örnek

> "-Evlilikte başarının sırrı, özlenen niteliklere sahip insan aramaktan çok, aranan niteliklere sahip insan olmaktır."

olmaktır. Zira, yaşamadığımız bir şeyi yaşatmak mümkün olmaz.

Mevlana diliyle, "Yanmayan, yakamaz."

Eşinde aradığını, önce kendinde gösteren biri, mükemmel bir insandır. Bundan dolayı şöyle söylenmiştir:

"-Evlilikte başarının sırrı, özlenen niteliklere sahip insan aramaktan çok, aranan niteliklere sahip insan olmaktır."

Zaten kendisi olmadan, olmuş olanı bulmaya çalışmak da, haksızlıktır. Çünkü evlilik, insani ve ahlaki açıdan eşlerin denk oluşuyla güçlenir.

Sözün özü, eşinizde olmasını istediğiniz özelliklerin siz sadece isteyicisi değil, temsilcisi olmak zorundasınız.

52- EŞİNİZİN ZAYIF TARAFINA GÜLMEYİN

Eşler birbirinin hassas ve zayıf taraflarını, fazlaca gündeme getirmemelidir. Hatta bu hassasiyetlerle ilgili hatıraları sıkça anıp da, eşini incitmemelidir.

Mesela bazı hanımlar, kediden, köpekten çok korkarlar. Bazı beyler fare görmeye dayanamazlar. Bu gibi haller size ne kadar yersiz ve komik gelirse gelsin, eşinizi rencide edecek derecede, bu gibi hallere durup durup gülmeyiniz, alay ve küçümseme konusu yapmayınız.

> Eşler birbirinin hassas ve zayıf olduğu konuları kaşımamalıdır. Ancak birlikte gülebiliyorlarsa, bunları zaman zaman neşe gündemi olarak hatırlamak yararlı olabilir.

Ancak, insanlık hali, bazan eşiniz hassas olduğunuz bir konuda ölçüyü kaçırabilir, sizi üzecek derecede durumunuza gülebilir.

Böyle durumlarda, seven bir eşe düşen görev, sabırlı olmak, sert tepki göstermemektir. Aksihalde, onun size aşırı gülmesine, siz de başka bir aşırılıkla karşılık vermiş olursunuz. Yani hatayı, hata ile karşılamış olursunuz. Oysa ki, yanlışa karşı yanlış yapmak, akıllıca bir davranış değildir.

Öyleyse, eşlerden biri ölçüyü kaçırdığında, diğeri ölçülü davranarak olumsuzluğu azaltmalıdır.

53- ÖZLEMEK GÜZELDİR

İnsan her gün bal yese, bala alışır ve tadını tam olarak alamaz. Aile muhabbeti de böyledir.

Eşini hep elinin altında bulan ve gören bir eş, zamanla onun kıymetini tam olarak takdir edemeyebilir.

Bundan dolayı, zaman zaman, araya kısa ayrılıklar sokmak uygun olur. Mesela, eşini bir kaç günlüğüne annesine, babasına yollamak, isabetli olabilir.

Özlemek, alışmayı önler.

Tabii ki, bütün bu ve benzeri uygulamalar, eşle anlaşarak, birlikte kararlaştırılmalıdır.

Ay hali sırasında kadınlarla ilişkinin yasaklanmış olması, bu açıdan da faydalıdır. Her ay hanımların yaşadığı özel günler, eşleri mecburen dinlendirir ve ilişkiyi özlettirir.

54- İYİ KOMŞU AİLEDENDİR

Ev alırken, ya da kiralarken, komşulara da dikkat etmek, aile huzuru için çok önemli bir husustur.

Atalarımız, "Ev alma, komşu al" demişlerdir. İyi komşu çok önemlidir. Bu sebeble, Güzeller Güzeli şöyle buyurmuştur:

"-Cebrail, bana komşu hakkından o kadar çok bahsetti ki; komşu komşuya mirascı olacak sandım."

Bazı akrabaların bile güzel geçinemediği bir alemde, elinden ve dilinden emin olacağımız komşulara sahip olmak, ne büyük bir nasiptir. Yedi kat yabancı gibi duran bazı akrabalara karşılık, en yakın akraba gibi duran komşular da vardır.

Rahmetli Cemal Öğüt Hocamız, "İyi komşu aileden, kötü komşu ise gailedendir" der.

Eskiden, "Komşu komşunun külüne muhtaçtır" denilirdi. Komşular birbirinden, acil ihtiyaçlarını hiç çekinmeden isterlerdi. Bazan bir dal maydanoz, bazan iki kaşık tereyağı, ya da bir araç gereç, rahatlıkla sorulabilirdi.

Kokusu komşuya giden yemeklerden sunulur, acılara beraber ağlanır, sevinçlere birlikte gülünürdü. Böylesine candan bir dost olabilen komşuların sayısı azalmamalı. Bayram, kandil, düğün, cenaze birleştirmeli... Selam veren, hal hatır soran, yardıma koşan komşular olmalı...

Genç evliler, komşularında kendilerine manevi annelik, babalık yapacak güzel insanlar bulmalı... İşte böyle komşular, ailemiz gibidirler.

Bir de komşuya ev sattıran, mahalle değiştirten komşular vardır. Bunlar da gailedendir. Yani dertten, üzüntüden ibaret varlıklardır.

Dolayısıyla, ev alırken, ya da kiralarken, komşulara da dikkat etmek, aile huzuru için çok önemli bir husustur. Atalarımız boşuna mı, "Ev alma, komşu al" demişlerdir.

55- HAYAT BU ANDIR

Bazı eşler, hep geçmişte yaşarlar. Yıllar önce yaşadıkları olumsuzlukları, daha dünmüş gibi, durup durup anlatırlar.

Oysa ki, geçip gitmiş bu olumsuz olayları, tekrar tekrar anlatmanın hiç bir faydası yoktur. Tam tersine bir çok zararı vardır. Öncelikle kendisi, anlattığı olumsuzluğu bir kere daha yaşamış gibi olur, üzülür. Bu olumsuzluğu tekrar dinlemek zorunda kalan eşinin de canı sıkılır.

Akıllı bir eş, faydasız olarak geçmişi anlatıp duracağına, geleceği konuşur. Çünkü gelecek için, geçmişten ders alarak hazırlanmak gerekir. Faydalı olan budur.

Bu gerçeğe işaret eden bir deyiş çok hoşuma gitti. Düşünen bir kardeşim, "Özgeçmişi bırakın, özgeleceğe bakın" diyor.

Akılsızlık eden eşler ise, sürekli geçmişteki kavgaları, dertleri bugüne taşıyıp, "Sen, ben" hesaplaşması yaparlar.

"Demiştim ki, demiştin ki!" diyerek, geçmişi geleceğe taşırlar. Halbuki, geçmişe dönüp bakmak, sadece yaşananlardan ders alıp, onları bir daha tekrarlamamak için faydalıdır. Yoksa yıllar önceki kavgayı bugüne getirip yenilemek için değil...

Geçmişi bugüne getirenlere bakınız; büyük bir bölümü hep olumsuzlukları, dertleri, sıkıntıları, mutsuzlukları hatırlıyor, sürekli olumsuz hatıraları tekrarlıyor. Peki geçmişte hiç iyi, güzel, doğru bir şey yaşanmamış mıdır?

Tabii ki dertler, sıkıntılar, mutsuzluklar da, genellikle anlatan eşten kaynaklanmıyordur. Bu kötü olaylar hep kendisi dışında olup bitmiş şeylerdir.

İşte bu şekilde geçmişi bugüne getirenler, kendilerine çok geniş bir mutsuzluk yolu açmışlardır. Yani öncelikle

BİZ EVLENİYORUZ

> **Akıllı bir eş, faydasız olarak geçmişi anlatıp duracağına, geleceği konuşur. Çünkü gelecek için, geçmişten ders alarak hazırlanmak gerekir.**

kendilerine yazık etmektedirler. Sonra da, kendisini hep dinlemek durumunda kalan eşine...

* * *

Bazı eşler de, sürekli gelecek endişesi içindedir. Daha evlat sahibi olmadan, torunları hakkında konuşmayı tercih ederler. Bunlar, memuriyetinin daha ilk yılında, emeklilik ikramiyesini hesaplayan şaşkın memur gibidirler.

Gelecek korkusunu hepten aşırı kaçırmış bir tanıdığım var. "Nasıl olsa üçüncü dünya savaşı çok yakında çıkacak. Böyle bir dünyada tek olmak daha iyidir" diyerek, bekar kaldı. Hem otuz yıldır evlenemedi, hem de hep gelecek korkusu yaşamaktan dolayı ruh ve beden sağlığını kaybetti.

Halbuki, akıllı insanlar, ne sürekli geçmişte, ne de sürekli gelecekte yaşarlar. Geçmiş, geçip gitti. Gelecek ise, gelecek mi, ne kadar ve nasıl gelecek, belli değildir.

Öyleyse, akıllı insanın işi, bu günü, şu anı yaşamaktır. Zira elde bulunan zaman, ancak şu yaşamakta olduğumuz andır.

Hayat, an an yaşanmaktadır.

Bu andan, ne geçmişe, ne de geleceğe geçebiliriz.

Şair de öyle demez mi:

Dem, bu demdir, dem bu demdir, dem bu dem,

Bu demin kadrini bil, Muhyi, agah ol!..

Evet, gerçekten uyanık olan insanlar, bu demin, yani bu anın kıymetini bilir; bir saniyelerini bile israf etmeden değerlendirirler.

"-Hayat bir gündür; o da bu gündür."

Tekrarı olmayan bir güzellik sunulmuş bize...

Bazan geçmişe,
Bazan geleceğe takılıp kalmayalım.
Yaşadığımız anın tadını çıkaralım,
Dolu dolu, hakkını vere vere yaşayalım.
Çünkü hayat anlardan ibaret...
Her an bitebilir, aman dikkat!..

56-HATAYI ÖNCE KENDİNDE ARA

Evde bir hata veya eksiklik ortaya çıktığında, suçu hemen eşinize atmayın. Önce, "Bu işte benim ne hatam oldu?" diye düşünün.

Bunu yapamayacak kadar sinirlenmişseniz, hemen durumunuzu, konumunuzu değiştirin. Oturuyorsanız, kalkın. Ayaktaysanız, biraz yürüyün. Bir abdest tazeleyin.

Bir sure okuyun.

Bir sükunet duasında bulunun.

Bir can dostunuza koşun

Eşinizle ancak sakinleştikten sonra konuşun.

* * *

Eşiniz gerçekten hatalı olsa bile, onu açıkca suçlamayın. Sakin olmaya çalışarak, sevgiyle konuşun. Yaşanan olumsuzluktan ders çıkarıp, tekrarına engel olmaya çalışın.

Çünkü, kalp kırmak kolaydır ama, yapmak zordur. Kırdığınız kalbi ne kadar tamir etseniz de, mutlaka bir iz kalacaktır. Bu sebeble, en iyisi hiç kalp kırmamaktır.

Kalp kırmak kolaydır ama, yapmak zordur. Kırdığınız kalbi ne kadar tamir etseniz de, mutlaka bir iz kalacaktır. Bu sebeble, en iyisi hiç kalp kırmamaktır.

İki günlük olan şu dünyanın hangi işi, hayat arkadaşınız ve can dostunuz olan eşinizin kalbini kırmaya değer ki?

Eşinizin bir hatasıyla karşılaşınca, hemen, "Bu hatada benim payım ne kadar?" diye düşünün. Kendinize ait payı alın o hatadan.

Sonra, eşinizin o hatadaki mazeretlerini düşünün. Elinde olmayan sebeblere de bir pay ayırın. Sonra kader sırrı var, imtihan sırrı var. Onların payını da çıkarın. Bir de bakacaksınız ki, eşinizin hatası epey küçülmüş, hatta görülemez hale gelmiş.

Geriye kalana da boş verin gitsin zaten. Uğraşmaya ve dert etmeye değmez...

Ancak bu güzel sonuca varmak için, başlangıç noktamız, kendimizi hatadan uzak görmemektir. Biraz zor ama, önce "Ben ne hata ettim ki..." diyebilme olgunluğunu gösteren örnek eşlere ne mutlu.

57- EVLENENLER EV SAHİBİ OLMALI

Eşler, tutumlu olmalı, gelirleri ne kadar çok olursa olsun israfa girmemelidir. Dar gelirli bir çok aile, savurganlıktan kaçınarak ev sahibi olmuş ve kiracılıktan kurtulmuşlardır. Buna karşılık, durumları daha iyi olan bir çok aile de, kirayı zor ödemeye devam etmişlerdir.

Ev sahibi olanlar, geçim yükünü oldukça azaltmış olurlar.

Ne kadar fakir olursa olsun, eşler ev sahibi olmaya niyetlenmelidirler. Bu hususta, hem maddi, hem de manevi hazırlık yapmalıdırlar. Maddi hazırlık, iktisat ederek, para biriktirmektir. Manevi hazırlık ise, bu konuda Allah'ın yardımını istemektir.

Çünkü, asırlardır yaşanan tecrübeler göstermiştir ki: "Ev yaptıran ile, evlenene Allah yardım eder."

İnsanın, içinde rahat ettiği ve huzur bulduğu bir ev, aile saadetinin temel unsurlarından biridir. Dolayısıyla, eşlerin en önemli maddi hedeflerinden biri, ev sahibi olmaktır. Bu önemden dolayı, nikahla bir araya gelen eşler için, "EVLENDİLER" denir.

"Bir evin güzelliği uyumdur,
Bir evin tadı bağlılıktır,
Bir evin sevinci sevgidir,
Bir evin zenginliği çocuklardır
Bir evin kanunu hizmettir
Bir evin refahı, memnun olan gönüllerdir."

H. Taylor

58- ANNE YA DA BABA OLMAYA HAZIR MISINIZ?

Kadınlar anne olmaya, erkekler de baba olmaya hazırlanmalıdır. Bir kadının hayatındaki en büyük zevki ve mutluluğu, annelik duygusudur. Doğurduğu çocuğa sarılmak kadar, hiç bir şey bir kadını mutlu edemez.

Çocuk, anneyi hem mutlu, hem de güçlü kılar. Çünkü, doğuran kadın, yaratılışının en harika işini yapmış olur. Bu sebeble, bir düşünür, "Kadın zayıftır ama, anne güçlüdür" demiştir.

Çok önemli mesleklerde başarılı olmuş kadınlar bile, daima annelik hasretini dile getirmişlerdir.

Allah'ın insanlara verdiği cinsel haz ve tatlar da, bu kutsal görevin peşin verilmiş bir ücretidir.

BİZ EVLENİYORUZ

> **Evlenenler, sadece karı-koca olmaya değil, anne-baba olmaya da, hem fikren, hem de kalben hazır olmalıdırlar.**

Annelerin görevlerini hakkıyla yapabilmeleri için, babaların da baba olmaları gerekir. Annelik gibi zor ve ağır bir sorumluluk gerektiren işte, babaların desteğine ihtiyaç vardır.

Erkek de baba olmanın sorumluluğunu sırtlanmalı, anneyi maddi ve manevi alanda asla yalnız bırakmamalıdır.

Zorluğu yanında, zevki de benzersiz olan çocuk yetiştirmek, insanın en kutsal ve yüce görevlerinden biridir. Sırf kendi rahatını düşünerek, bu sorumluluktan kaçmak normal bir davranış değildir.

Ancak, çeşitli sebeblerle çocuk sahibi olamayanlar da, bunu çözümsüz bir dert haline getirmemeli, dünya imtihanının bir cilvesi olarak görmelidirler.

Evlenenler, sadece karı-koca olmaya değil, anne-baba olmaya da, hem fikren, hem de kalben hazır olmalıdırlar.

59- DIRDIRCI OLMAYIN

Erkekler, eşlerinin çok konuşmalarına, "Ne olacak ki, karı dırdırı işte!" diye duyarsız bakmamalıdır.

Eğer bir kadın, gerçekten çok konuşuyor, olur olmaz herşeye çene çalıp baş ağrıtıyorsa, kocasına düşen, ona özel bir ilgi göstermektir. Çünkü, çok konuşan bir hanımın, maddi ya da manevi, mutlaka bir derdi vardır.

Çözümsüz derdin çeneye vurmasına, "dırdır" demek, ne derece doğrudur?

Üstelik, çok konuşan ve işi dırdıra döken sadece kadınlar mı?

Öyle erkekler vardır ki, bu hususta, kadınlara taş çıkartırlar.

Ciddi bir iletişim kurulup, sohbet ortamı hazırlandığında, böyle birinin, ya eşinden, ya evladından, ya akrabalarından veya iş vereninden dertli olduğu görülecektir.

Bazan da manevi boşluktan ve doyumsuzluktan dolayı, insan çok konuşarak kendini tatmin etme yoluna başvurur.

Dırdırcı, ister kadın, ister erkek olsun, dert kimden ve nereden kaynaklanırsa kaynaklansın; çözüm, samimi bir sevgi iletişimi kurmaktadır. Zira, genellikle dırdıra sebeb olan, ilgisizlik ve sevgisizliktir.

Bazan bebekler bile, ilgi çekmek için, bağırıp çağırır, anlamlı anlamsız sesler çıkarırlar. Ancak bütün bağırtıların, çığlıkların, noktasız, virgülsüz konuşmaların bir tek hedefi vardır:

İlgi çekmek, farkedilmek ve sevilmek...

Anlayışlı bir eş, dırdırı doğru okur ve hemen sebebini keşfedip, gerekli ilgi ve sevgiyi sunar.

* * *

Edirnekapı mezarlığında, garip ve hüzünlü bir hatıra vardır. Eski bir mezar taşı, üzerinde şu yazıyı taşır:

"-Karı dırdırından ölen Halil Ağa'nın ruhuna Fatiha!"

Demek ki rahmetli yeniçeri ağası, eşiyle sevgi iletişimini hiç kuramamış. Bu yüzden de, kimbilir kaç cephede savaşmış bir kahraman, sonunda karı dırdırına yenilmiş. Tabii ki bir ömre, ya da iki ömre yazık olmuş...

"Karı dırdırı"ndan ölmemek için ne yapmalı?

Beylere, bu hususta tarih-

Dırdırcı, ister kadın, ister erkek olsun, dert kimden ve nereden kaynaklanırsa kaynaklansın; çözüm, samimi bir sevgi iletişimi kurmaktadır. Zira, genellikle dırdıra sebeb olan, ilgisizlik ve sevgisizliktir.

BİZ EVLENİYORUZ

ten ibretli bir örnek sunmak isterim:

"-Sahabeden bir zat, evdeki geçimsizlikten ve gereksiz gürültüden çok şikayetçi imiş... Nihayet, bir gün sabrı taşmış ve eşini, Hazreti Ömer'e şikayet etmeye karar vermiş.

Hz. Ömer'in evinin önüne gelince, içeriden yükselen seslerle irkilmiş. Çünkü, halife olan Hz. Ömer'in eşi de, tıpkı kendi eşi gibi, yüksek perdeden konuşmaktaymış. Koca halife, hanımı gibi bağırmıyor, arada bir, gayet sakin cevaplar veriyormuş.

Adamcağız kulaklarına inanamamış. Durmuş, düşünmüş ve hiç bir şey demeden dönüp gitmeye karar vermiş. Tam evin önünden ayrılacağı sırada, Hz. Ömer kapıda görünmüş ve ona seslenmiş:

-Gel bakalım, nereye gidiyorsun, niçin gelmiştin?

Adamın tereddüt ettiğini gören Hz. Ömer, sormakta ısrar edince, mecbur kalmış konuşmaya...

"-Size eşimi şikayet edecektim ama, vazgeçtim. Gördüm ki sizinki de aynen benimkine benziyor. Aynı hiddet, aynı şiddet, aynı sözler..."

Hz. Ömer, bu zata şu ibretli açıklamayı yapmış:

"-Ben hanımımın kızmalarına karşılık veremiyorum. Çünkü o, büyük bir sabırla benim evimi bekliyor, temizliyor, yemeğimi yapıyor, çamaşırımı yıkıyor, çocuklarıma bakıyor, beni rahatlatıyor.

Bu hizmetleri sebebiyle, arada bir kızmasına aynen karşılık vermemin haksızlık olduğunu düşünüyorum. Üstelik, ben de onunla birlikte kızsam, yuvamın huzuru daha çok bozulacak..."

Bizim kültürümüzde hanımlar, Allah'ın emaneti sayılırlar. Bu sebeble de, iyisi şöyle kalsın, "Üzenini bile üzmemeli" denilir.

Bu husustaki güzel örneklerden biri de, İspanya fatihi, Tarık bin Ziyad'tır. Kuzey Afrika'dan sonra, İspanya'yı da fetheden ünlü Kumandan'ın, huysuz bir hanımı varmış. Olmayacak şeylerden geçimsizlik konuları çıkarır, bağırır çağırır, evde huzur bırakmazmış.

Dostları, Tarık'a, "Neden bu kadını susturmuyorsun?" dediklerinde, şu karşılığı vermiş:

"-Biz bu evi onunla kurduk. O, benim namusumun bekçisidir. Çocuklarımın annesidir.

Evin her türlü sıkıntısına o katlanır.

Ben ise, uzak cephelerde bulunurum. Savaşlar dolayısıyla, beni çok az görür. Gördüğü zaman da, birikmiş sıkıntılarını yüksek sesle anlatır.

Fakat ona kızamam. Çünkü, o benim ebedi arkadaşımdır."

Demek oluyor ki, bu hususta, en önemli ve öncelikli görev, beylere düşmektedir. Çözümün sırrı ise, ilgi, sevgi ve anlayış göstermekte saklıdır.

Nasıl ki, olağan dışı sesler çıkaran bir otomobile hemen ilgi gösterilir, kulak verilip dinlenilir, sesin nereden ve niçin çıktığı araştırılır... Sonra da, uzman bir tamirciye götürülüp baktırılır, bu aykırı ve zararlı sesi meydana getiren arıza giderilir.

Eşinden olağan dışı bir ses duyan kişi de, hemen bu arızayı ciddiye almalı, kaynağını ve çıkış sebebini bulmalı, sonra da ilgi ve sevgiyle gidermelidir.

Eğer arıza kendi boyunu aşar bir hale gelmişse, bir bilenden destek ve yardım almalıdır.

Bu konuda çok önemli bir nokta da, durumu olduğundan büyük görüp paniğe kapılmamaktır. Yani, "Bu düşük çene, bu olur olmaz konuşma, sadece benim eşimde var" diye ümitsizliğe düşmemelidir. Çünkü öyle bilen eşin morali bozulur ve durumu düzeltmek için gerekli çabayı gösterecek hali kalmaz.

Bu durum, bir çok insanın başına gelmiştir. Bir çok kişi, zaman zaman, ya da her zaman eşinin baş ağrısı olmuştur, işi dırdıra vurmuştur.

Bu gerçek bilinirse, insan biraz daha hoşgörüyle bakar eşinin çenesizliğine...

60- BARIŞMAYI BECEREMEYENLER KAVGA ETMEMELİ

Her türlü tedbire, hoşgörüye ve anlayışlı davranmaya rağmen, evde uyumsuzluk yaşanabilir. Hatta, sitemler ve ithamlar, kavgaya bile dönüşebilir.

Evlilik, elbette ki, dikensiz gül bahçesi değildir. Evde, zaman zaman acıtıcı dikenlere de rastlanabilir.

Kırgınlıklar, küskünlükler, tartışmalar ve kavgalar, ufak tefek ve dozunda olursa, fayda sağlar. Çünkü, sonu barışa varan kavgalardan, muhabbeti artırıcı ve güçlendirici sonuçlar çıkar. Bu durum, yemeğin tuzu, biberi gibidir.

Biber acıdır ama, dozunda kullanılırsa, yemeğin lezzetini artırır.

Ancak, kavga etmeyi bilen eşler, barışabilmeyi de becerebilmelidirler.

Barışmayı başaramayan, kavga da etmemelidir.

Güzeller Güzeli, küskünlüğün üç günden fazla sürmemesini buyurur. Barışmak için elini ilk uzatanı da müjdeler.

Kırgınlık ve kızgınlık anında da eşlerin medeni, kibar ve nezaket kuralları içinde olmaları çok önemlidir. Bu ölçüleri çiğneyip kabalaşanlar, hakaret edenler ve hele de eşine el kaldıranlar, kendilerini haksız bir konuma düşürmüş olurlar. Çünkü, hem insani, hem de İslami açıdan, eşini incitmek, suç sayılmıştır. İyi bir Müslüman, eşini maddeten de, manen de incitemez.

Eşler, kapıyı kapatırken, mutlaka geri açmak üzere kapatmalıdırlar. Çok kesin ve keskin sözlerden çekinmelidirler.

Eşlerin birbirine sabretmeleri hususunda Efendimiz şöyle buyurur:

"-Bir erkek karısının huysuzluğuna sabır ve tahammül ederse, Eyyub Peygamber'in çektiklerine karşılık verilen sevap ve mükafata nail olur.

Bir kadın da, kocasının huysuzluğuna sabrederse, Firavun'un hanımı Asiye'ye verilen sevab ve mükafatı kazanır."

* * *

Tartışmaları küskünlüğe vardırmamalı; eğer küsmüşlerse, barışmaya hazır durmalı, asla inatlaşmamalıdırlar.

Eğer, kendileri barışamıyorlarsa, araya büyükler, dostlar, sevenler girmeli ve sevgi kaynağı yapmalıdırlar. Kızgınlığını yenemeyip küsenler, bu durumu abartmamalıdırlar. Çünkü bu gibi haller, bütün evlilerin başına gelebiliyor. Herkesin başına gelen, sıradan bir olay diye bakıp, durumu küçültürseniz, barışmayı da kolaylaştırmış olursunuz.

* * *

Güzeller Güzeli, bir gün, kızı Hz. Fatıma'nın evine geldi. Damadı Hz. Ali evde değildi. Nerede olduğunu sordu.

Hz. Fatıma, şu cevabı verdi:

"-Ali ile bir hususta biraz münakaşa ettik. O da küsüp gitti. Nerededir, bilmiyorum..."

Efendimiz, çok üzüldü. Yanında bulunan bir sahabeyi, Ali'yi bulmak üzere görevlendirdi. Biraz sonra haber geldi:

Ali, mescitte toprak zemine uzanıp yatmış, uyumuştu.

Güzeller Güzeli, hemen mescide geldi. Orada, toz toprak içinde uzanıp yatan Ali'yi buldu ve "Kalk bakalım ey Toprak Babası!" diye seslendi.

Gözlerini açıp, başucunda Efendimiz'i gören Hz. Ali, toparlandı ve hemen ayağa kalktı. Güzeller Güzeli, Ali'nin elinden şefkatle tuttu ve evine götürdü. Bir süre birlikte oturup sohbet etti.

Ev ortamı iyice yumuşayıp, küskünlük ortadan kalkınca, Efendimiz, onlarla vedalaştı.

Güzeller Güzeli'ni görenler, yüzüne yansımış olan sevinciyle sevindiler ve "Sizi çok sevinçli görüyoruz" dediler.

Efendimiz, bizlere de ders olan, şu açıklamayı yaptı:

"-Nasıl sevinmem ki! Çok sevdiğim iki kişinin arasını düzeltmeyi başardım. Bu hale sevinilmez mi?"

Evet, ara yapmak ne kadar sevinilecek bir sevap ise, ara bozmak da o kadar kötü bir günahtır.

61- HER HAK SAHİBİNE HAKKINI VER

Bir eş, eşini, ibadet bahanesiyle bile ihmal etmemelidir. Bazı kadın, ya da erkekler, dindarlıkta hassasiyet gösterirler. Daha takvalı yaşamak maksadıyla, evini, eşini, çocuklarını ihmal ederler.

Bu türlü davranışların dinimizde yeri yoktur. Çünkü, Güzeller Güzeli, kendisini tamamen ibadete veren, gününü oruçla, namazla, dua ile geçiren, Osman bin Maz'un'a, şöyle buyurmuştur:

"-Senin üzerinde hem ailenin, hem nefsinin, hem de çocuklarının hakkı vardır. Her hak sahibine hakkını vermek zorundasın."

İdeal bir eş, dünya ile ahireti dengeler, ikisini birlikte kazanmanın çabasında bulunur. Zaten, kişinin evi, eşi ve evladı için yaptığı her şey sadaka sevabı kazandırır. Yani mü'min için, dünya ve ahiret ayırımı yoktur. Mü'min bir taşla iki kuş vurur, aynı anda hem dünyasını, hem de ahiretini mamur eder.

"-Bir gün, Sahabe'den üç kişi, bir araya gelmiş ve aralarında anlaşmışlar.

Onlardan birisi, "Ben yaşadığım sürece, geceleri devamlı namaz kılacağım"der.

İkincisi, "Ben de ömrüm boyunca hiç ara vermeden oruç tutacağım" sözünü verir.

Diğeri de, "Kadınlardan daima uzak kalacağım, hiç evlenmeyeceğim" demiş.

Güzeller Güzeli, onların durumunu öğrenince yanlarına gelerek şöyle buyurmuş:

"-Bunları söyleyenler siz misiniz?

Dikkat ediniz! Allah'a yemin ederim ki, Allah'tan en çok korkanınız ve O'na karşı gelmekten en çok sakınanınız benim.

Böyleyken ben, bazan oruç tutuyor, bazan da tutmuyorum. Hem namaz kılıyor, hem de uyuyorum. Kadınlarla da evleniyorum.

Kim benim sünnetimden, (yaşama biçimimden) yüz çevirirse, benden değildir."

İnsan ne sadece madde, ne de yalnız manadır. Bu sebeble, hem maddesinin, hem de maneviyatının hakkını vermelidir.

62- LAF TAŞIYANLARA KULAKLARINIZI KAPATIN

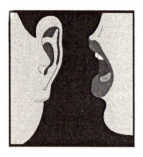

Eşler, laf getirip götürmeyi seven, kötü huylulara karşı uyanık ve dikkatli bulunmalıdırlar. Maalesef bazı insanlar, bazan duydukları, bazan da uydurdukları sözleri taşımaktan ve dolayısıyla da insanları birbirine düşürmekten zevk alırlar.

Mutlu bir aile yuvası, böylelerine sımsıkı kapalı olmalıdır.

Laf taşıyıcı, bazan aileye yakın biri de olabilir. O halde, mümkün mertebe anlattıklarını dinlememek gerekir. Dinlemek zorunda kalsanız bile, bundan rahatsızlık duyduğunuzu belli etmelisiniz.

Böyle bir durumda yapılması gereken, taşınan lafa hiç önem vermemek, ciddiye almamak ve hiç kimseye nakletmemektir.

Hele de, eşinizi size çekiştirene, kim olursa olsun, yüz vermeyecek ve onu asla dinlemeyeceksiniz.

* * *

Asmai, çölde bir çadıra rastlamış. Bakmış ki, bu yuvanın hanımı çok güzel, adam ise hem çirkin, hem de fakir biri...

Kadına demiş ki:

"-Hanımefendi, ne kadar şanssız biriymişsin?"

"-Niçin, şanssızmışım?" demiş kadın...

"-Niçin olacak? Çok güzel bir kadın olduğun halde, hem çirkin, hem de fakir bir adama düşmüşsün!.. "

Kadın bu yoruma kızmış ve demiş ki:

"-Asıl sen ne kötü bir adammışsın ki, böyle yuvamızı yıkacak sözler söylüyorsun. Bilmez misin ki, bu evlilik benim kaderimdir. Kader Allah'ın planıdır ve asla zulmetmez, hep adalet eder."

Asmai, "Doğrudur, kaderin hükmünde zulüm olmaz" deyince de, kadın şöyle konuşmuş:

"-Madem ki kader adalet eder, öyle ise ben iyi isem, eşimin de iyi biri olması gerekir."

Sonra da Asmai'ye şu dersi vermiş:

"-Şimdi benim görevim, kaderin yazdığı yazıya razı olup, ortak hayatımızı Cennet'i kazandıracak şekilde yaşamaktır. Ben, eşimdeki olumsuzluklara sabredersem, beyim de benim gibi birine eş olduğundan dolayı şükrederse, ikimiz de Cennet'i kazanmış oluruz.

Bu şekilde, eşlere Cennet kazandıran bir evlilikten daha güzel ne olabilir ki?"

Asmai der ki: "Yuvayı dişi kuş yapar derler. Ben buna gönülden inandım. Çöldeki o çadırın önünde, bu hanım bana öylesine bir yuva yapma dersi verdi ki, ömür boyu unutamam..."

Bu olay da gösteriyor ki, "KADERE İMAN EDEN, KEDERDEN EMİN OLUR."

Bu dünyada nasibine razı olan, ahirette mükafatlandırılacaktır. Aslında, kadere rıza gösterip, "Olanda hayır vardır" diyen, dünyada da huzur gibi bir mutluluk sebebini kazanmakta, buradaki hayatını da Cennet'in önsözüne çevirmektedir.

63- EKRANLAR KARARTILMADAN GÖNÜLLER AYDINLANAMAZ

Eşler, zamanı bir fare sürüsü gibi kemiren televizyondan ve internet müptelası olmaktan kendilerini kurtarmalıdırlar. Her gün saatlerce televizyon seyreden bir eş, aile muhabbetine nasıl fırsat bulur?

Özellikle de internetin getirdiği çetleşme denilen felaket, aile yuvalarını çatırdatmaktadır. Kalabalık içinde yal-

 nız kalan eşler, bu sanal alemde, gönüllü olarak kendilerini kandırmaktadırlar.

Mutlu bir ailede, ne televizyon dizilerine, ne internet dünyasına takılıp sabahlamaya yer vardır. Kesin olarak bilelim ki, EKRANLAR KARARTILMADAN, GÖNÜLLER AYDINLATILAMAZ.

"Amerikalıların televizyona aptal kutusu demeleri boşuna değildir. Televizyon izlediğimiz her saniye, gerçek hayattan kopup, ekranın dünyasında pasif bir unsur oluyoruz.

Televizyon izlediğimiz her saat, ortalama 30 sayfa kitap okumaktan engelliyoruz kendimizi.

Televizyon izlediğimiz her gün, ortalama 72 cinayet, yaralama, tecavüz ve ırza geçme olayına şahit oluyoruz."

Bu kirlilikten zihnimizi ve kalbimizi korumanın yolu, televizyon denen baş belasından olabildiğince uzak kalmaktır.

Televizyon karşısında geçirilen süre, eşe ve çocuklara ayrılsa, ev sevgi Cennet'ine dönüşür.

Tabii ki, televizyon sadece zamanımızı kemirip israf etmiyor. Daha da beteri, kafamızı ve kalbimizi kirletiyor. İç dünyamıza, kanalizasyondan beter pislikleri sürekli akıtıp duruyor.

Televizyon karşısında geçirilen süre, eşe ve çocuklara ayrılsa, ev sevgi Cennet'ine dönüşür.

Televizyondan vazgeçemeyenler, hiç olmazsa, seyir süresini azaltmalı ve daha da önemlisi her gösterilene bakmamalı, mutlaka seçici olmalıdırlar.

64- DÜNYEVİ İSTEKLERİNİ SINIRLAYAN MUTLULUĞUNU ÇOĞALTIR

Bu dünya, keyf, zevk ve ücret alma yeri değildir. Burası çalışma, çabalama, hizmet ve ibadet yeridir. Efendimiz'in tabiriyle, "Ahiretin tarlasıdır."

Dünya, Cennet değildir ama, Cennet burada kazanılacaktır.

O halde, evlilik de, hep keyf, hep zevk, hep mutluluk değildir. Aile hayatı bir gülistana dönüşse de, dikensiz olması mümkün değildir. Evlilik hayatı da dertsiz olmaz. Ama nasıl ki tutmasını bilirsek, elimize gülün dikeni batmaz. Aynen onun gibi, dertlerimizle barışık yaşamayı becerebilirsek, onlar da bizim mutluluğumuzu engelleyemez. Sanmayalım ki birileri, evlilik hayatının bütününü aşk haline getirmiştir. Sadece böyle bir iddia vardır. O bahsedilen saf sevinç ve sürekli aşkın yeri Cennet'tir.

Varsın bu geçici dünya, "Bir üzüm yedirip yüz tokat vursun", değil midir ki, ebedi hayatımızda, saf sevgiler ve kalıcı aşklar var.

Bu muhteşem mükafatlar için, bu dünya imtihanında kendimize hakim olmaya, üzüntü çekmeye, sorumluluk yüklenmeye değer.

Madem Rahman ve Rahim olan Allah, halimizden haberdardır, bizi sürekli görüp gözetmekte ve duymaktadır; acılarımıza daha kolay katlanabiliriz. Çünkü çektiğimiz hiç bir şey boşa gitmeyecek, karşılığını burada alamasak da, ahirette kazanacağız.

Sürekli bir gençliğin zevklerini, ebedi saadet yurdu olan Cennet'te tatmak için, burada isteklerimizi sınırlayabiliriz. Hırslarımızı dizginliyebilir, bu dünyanın imkanlarıyla ulaşılması imkansız olan sonu gelmez emellerimizden kendimizi kurtarabiliriz.

Bu dünyada isteklerini sınırlayan, mutluluğunu çoğaltır.

Şükürler olsun ki, sonsuz ve sınırsız isteklerin karşılandığı kudret dünyası bizi bekliyor.

Dünya, o mutluluk diyarının vitrini ve tanıtım yeridir.

Burada tattığımız leziz nimetlerin kaynağı, esası, tamamı oradadır.

Burada acılarla karışık lezzetler var.

Orada saf, karışıksız, katışıksız lezzetler...

Burası sonlu ve sınırlı bir yerdir. Dolayısıyla doyumluk değil, tadımlık bir mekan...

Buradaki hayat arkadaşımız, orada her türlü güzelliğini tamamlamış olarak, kraliçemiz, ya da kralımız olacaktır.

Bütün mesele, burasını bir oyun ve eğlence yeri sanmamakta...

Zaten sürekli kalamayacağımız, gelenlerin sürekli gitmesinden belli olmuyor mu?

Daima dolup boşalan, iki kapılı bir handır dünya...

Kimseye kalmıyor.

Bize de kalmayacak...

Kimler geldi, kimler geçti...

Öyleyse, burada ebedi kalacakmış gibi, hep dünyalık düşünen, maddi varlık ve menfaatlar adına, kendisini perişan eden, sevdiklerini ihmal eden, daha da kötüsü onların kalbini kıran adam, ne yapmak istiyor?

Ne yapmak istiyoruz sahi?

Aileye bu gözle bakan, yıkıcı, kırıcı, tahrip edici olamaz. Çünkü, "GÜZEL GÖREN, GÜZEL DÜŞÜNÜR. GÜZEL DÜŞÜNEN, HAYATINDAN LEZZET ALIR."

Görevimiz, bu dünyanın da kul olarak hakkını vermek, dolayısıyla da Cennet'i kazanmaktır. Ancak ömür kısa, lüzumlu vazifeler ise pek çoktur. Zamanı israf etmeye gelmez.

Çünkü, hayatın ne tekrarı vardır, ne de provası...

Güzeller Güzeli, bu dünyayı, yolculuk sırasındaki mola yerine benzetiyor. Bir ağaç gölgesinde, yemek, içmek ve birazcık dinlenmek için durduğumuz yer... O kadar kısa bir zaman... Ve orada kendisini yerli ve yerleşik gibi değil, bir garip gibi hissetmek... Efendimiz böyle olmamızı tavsiye ediyor.

Zaten başka türlüsü mümkün mü?

O halde, tekrar ifade edelim ki, dünyevi isteklerini sınırlayan, mutluluğunu çoğaltır. Maddi yükü azaltan, manevi zenginliği çoğaltmış olur.

Tabii ki bu sözümüz, maddi olarak fakirliği tavsiye etmek anlamına gelmez. Ancak, zenginliğe aşık olmamak, gönül bağlamamak tavsiyesidir. Para elde olmalı, gönülde değil.

65- İSRAFCI OLMAYIN

Aile huzurunu bozan en önemli sebeblerden biri de, maddi yoksulluğun getirdiği imkansızlıklardır. Yoksulluğu getiren en önemli sebeblerden biri de, savurganlıktır. Savurganlık, ya da israf, elindekinin kıymetini bilmemek, imkanlarını yerli yerince değerlendirmeyi beceremeyip çarçur etmektir.

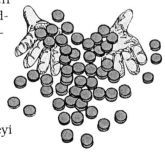

Bir çok insan, sahip olduğu imkanın farkında değildir. Farkında olmadığı imkanı da kullanıp yararlı hale getiremez. Böylece varlık içinde yokluk çeker.

Atalarımız, "İşten artmaz, dişten artar" demişlerdir. "Sanki yedim" diyerek yemeyen ve bir öğün yemeği terkeden adam, İstanbul'da Sankiyedim camiini yaptırmış.

Aile fertleri tabii ki, gereği gibi besleneceklerdir. Ancak ihtiyaç fazlası gıdanın da kendilerini yediğini bileceklerdir.

Dar imkanlarla rahat geçinmek, israftan kaçınmakla mümkündür. Benim manevi annem merhume Hikmet Öğüt Hanımefendi, gereksiz yanan lambadan rahatsız olurdu. İmkanı müsait olmasına rağmen, gereksiz yere yanan bir ışık gördüğünde hemen müdahele eder ve "Ben şunu söndüreyim, israfa alışmadığım için rahatsız oluyorum evladım" derdi.

Musluktan damlayan su onu rahatsız ederdi.

Oturulmayan odalarda, kalorifer ya da soba yakmaktan üzülürdü.

Çöpe giden ekmek sebebiyle hasta olurdu.

Derdi ki, "Bir evin medeni oluşu, çöpe giden malzemenin azlığından belli olur.

Eğer, bir evden çöpe fazla şey gidiyorsa, orada medeniyet değil; ilkellik, tembellik ve beceriksizlik var demektir."

88 yaşına kadar yaşamış bu muhteşem Osmanlı Hanımefendisi, karpuz ve portakal kabuğundan reçel yapardı. Elma kabuğunu kurutup ilaca dönüştürürdü.

Kiraz çekirdeğinin çok kıymetli bir ihraç ürünü olduğunu, sapının da şifalı bir ilaç olarak kullanıldığını biz bu Hanımefendi'den öğrendik...

Yediğimiz zeytinlerin çekirdeklerini çöpe atmamayı da o öğretti bize... Meğer, toplayıp bana getirin dediği bu çekirdekler, gözleri görmeyen bir dosta götürülüyor, onun evine kurulmuş olan basit bir tezgahta cici tesbihlere dönüşüyor, sonra da turist pazarlarında satılıp bu fakir evin geçimi temin ediliyormuş...

Bütün bu israftan kaçış dikkatine rağmen, bu güzel anne üzüntülüydü. Diyordu ki, "Bizim çöpe attıklarımızla kimbilir kaç aile geçinir, kaç fakirin karnı doyar..."

Bu üzüntüyle, zaman zaman etrafını da harekete geçirirdi. Gençlerle, kapı kapı gezip eski gazete, dergi, kitap toplardı. Bunları derleyip, toplayıp, tasnif ederek, ilgilenenlere satar ve eline geçen parayı bir hayır kurumuna verirdi.

Bu örnek insanın hiç boş vakti olmazdı. Sohbet eder, okur, yazar, işler, örerdi. Altın tığ örgü yarışmasında birinci olmuştu. Kazandığı örgü makinesini, genç kızlara hizmet veren bir kuruluşa hediye etmişti.

İyi şeyi uygun fiyata almak için araştırır, soruştururdu.

Artırdığı parayı sürekli hayra, hizmete yatırırdı.

İsraftan kaçarak, hem maddi kazanç sağlar. Hem de, biriktirdiği madde ile insanları sevindirerek dualar alır, dost halkasını genişletirdi.

Ayrıca,."Yiyin, için, ama israf etmeyin" buyuran Yüceler Yücesi'nin emrine uyduğu için, ibadet sevabı kazanırdı.

"İsrafta hayır yoktur, hayırda da israf yoktur."

Bu sebeble eşler, tüketim ekonomisinin beyin yıkamalarına kulaklarını tıkamalı, sürekli eskiyi atıp yenisini almayı düşünmemelidirler.

"Sakla samanı, gelir zamanı" zihniyetiyle hareket edip, işe yaraması muhtemel olan hiç bir malzemeyi çöpe atmamalıdırlar. Kendisine yaramıyorsa, işine yarayacak birine vermelidirler.

BİZ EVLENİYORUZ

Kendileri yapabilecekleri bir şeyi, hazır olarak satın almamalıdırlar.

Markalara değil, kaliteye bakmalıdırlar.

Ne kadar ucuz da olsa, ihtiyaçları olmayan bir şeye para vermemelidirler.

Market alışverişlerinde, mağazanın cazibesine kapılıp, ipin ucunu kaçırmamak için, ihtiyaç maddelerini önceden belirleyip, eldeki listenin dışına çıkmamalıdırlar.

Aç karnına alışveriş yapmamalıdırlar. Çünkü, aç karnına, özellikle de gıda maddesi alanların, daima ihtiyaç fazlasına kaçtıkları tesbit edilmiştir.

Ev için bir eşya alınacaksa, buna mutlaka eşiyle birlikte karar verip, seçimini de beraber yapmalıdırlar.

Bu ve benzeri maddelere uygun hareket eden eşler, israftan büyük ölçüde korunmuş olurlar.

* * *

Eşler, daha evliliğin başlangıcında israfa batırılıyor. Mesela, ancak altı saat giyilebilecek bir gelinliğe 6 bin YTL ödemek ne kadar doğrudur?

Düğün salonu konusunda anlaşamayıp kavga eden, sonra da ayrılma kararı veren gelinle damada ne demeli?

Sadece bakılıp atılacak bir haber kağıdı olan düğün davetiyelerinin sebeb olduğu israfı tahmin edebilir misiniz?

Ya, nikah şekeri diye dağıtılan ve hiç bir işe yaramayan şeyler ne oluyor?

Bütün bunlar israftır. Bu israfın temel sebebi de gösteriş ve desinler merakıdır.

İnsanların beğenmesini ve "Aferin" demesini sağlamak için israfa girilir mi? Bunun adı parayla günah satın almaktır.

Hele de bizim gibi, fakiri çok olan krizli bir ülkede bu tür israfların vebali çok büyüktür. Üstelik bütün bu israfları, bir de olmayan paralarla yapmaya kalkıp borçlananlar, kredi kartı bataklığına düşüp boğulanlar, nasıl mutlu olacaklar?

Mutlu mu olacaklar, yoksa, borçların ağır taksitleri altında ezildikçe, evlendiklerine pişman mı olacaklardır?

> Akıllı damat, mantıklı gelin, ayağını yorganına göre uzatır. Daha çok lüks ve daha fazla eşya için imkanlarını zorlamaz. Zira bilirler ki, mutluluk ne lüks yaşamakta, ne de eşya fazlalığındadır.

Akıllı damat, mantıklı gelin, ayağını yorganına göre uzatır. Daha çok lüks ve daha fazla eşya için imkanlarını zorlamaz. Zira bilirler ki, mutluluk ne lüks yaşamakta, ne de eşya fazlalığındadır.

66- BOŞANMAYI HAYALİNİZE BİLE GETİRMEYİN

Eşler, boşanma sözünü şakadan bile olsa ağızlarına almamalıdırlar. Güzeller Güzeli buyurur ki:

"-Nikahın ciddisi zaten ciddi, ancak şakası da ciddidir."

Mesela, nikahın temel şartı olan icap ve kabul gerçekleşse, yani evlenebilecek bir kızla erkek, birbirlerini eş olarak kabul ettiklerini şahitler huzurunda şakadan bile söyleseler, nikah gerçekleşmiş olur.

İnancımızda nikahın ne kadar önemli bir akit olduğu, sadece bu hadisle bile anlaşılabilir.

Nikahı bozan ve ortadan kaldıran boşanma da çok önemlidir. Nikahlanmak ne kadar teşvik edilmişse, boşanmak da o kadar istenmemiştir.

Bu hususta, Efendimiz şöyle buyurur:

"-Allah'ın en hoşlanmadığı helal, boşanmaktır."

İşte bu gerçeklerden dolayı, Müslümanlar boşanmayı düşünmezler, sevmezler ve hoş görmezler.

Ancak, geçinmenin bütün yolları tıkanır da, iyice çaresiz kalınırsa, boşanma yolu açılmış olur. Ama bu kararı vermemeye sonuna kadar çabalamak ve uzlaşma için mümkün olan bütün yolları denemek gerekir.

Zira, sebebsiz yere boşananlar, iki cihanda da mutlu olamazlar.

Güzeller Güzeli şöyle buyurur:

"-Hangi kadın, bir zorunluluk olmaksızın kocasından boşanmak isterse, Cennet kokusu ona haram olur."

"-Evleniniz, fakat boşanmayınız. Çünkü Allah, zevkine düşkün kadın ve erkekleri sevmez."

* * *

Bir Allah Dostu, geçimsiz olan hanımının bütün eziyetlerine katlanıyor ve ağır çilelere katlandığı halde boşanmayı hiç aklına getirmiyormuş.

Sebebini sormuşlar:

"-Niçin bu hanımın işkencelerine katlanıp duruyorsun?"

Şu ibretli cevabı vermiş:

"-Ben bu hanımın eziyetlerine katlandığım için, Rabbim'e daha yakın oluyorum. Ne zaman dünyaya meyledecek olsam, onun bir huysuzluğu beni uyarıyor ve kendime getiriyor da Rabbim'e dönüyorum.

O'nun incitici halleriyle kalbim hüzünlendiğinde; ibadetim, zikrim, niyazım daha lezzetli oluyor.

Hem ben onu boşasam, üç kişiyi çok büyük bir zarara sokmuş olurum..."

"-Siz eşinizi boşayıp kurtulunca, niçin üç kişi çok zarar etsin?" demişler ve şu cevabı almışlar:

> Sebebsiz yere boşananlar, iki cihanda da mutlu olamazlar.

"-Eğer ben bu hanımı boşarsam, yalnız yaşayamam, evliliğe alıştım. Mutlaka evlenmek isterim. Kaderimde kötü bir kadınla imtihan edilmek varsa, Allah bana bir başka huysuz kadın nasip eder. Ben de hanım eziyeti çekmeye devam ederim.

Üstelik de tanımadığım bir hanımın hallerini anlayıp, alışıncaya kadar, daha çok üzülürüm.

Yani zarar edecek üç kişiden birincisi ben olurum.

Boşadığım kadın da, dul duracak değil, o da evlenmek isteyecektir. Yeni eşine alışıp, kendini kabul ettirinceye kadar zorlanacak, huzursuz olacaktır. Tahmin ederim ki, benim kadar sabırlı birini de bulamayacağı için, canı çok yanacaktır.

Zarar edecek ikinci kişi de, boşadığım eşim olacaktır.

Onunla evlenen kişi de başına bir eza ve cefa sarmış olacak, pişmanlık içinde perişan yaşayacaktır. Çünkü bu kadınla huzur ve mutluluk bulunamaz.

Dolayısıyla, bu hanım evleneceği kişiyi de, telafisi mümkün olmayan bir zarara sokacaktır.

Şimdi söyleyin bakalım, ben bu hanımı boşayayım mı, boşamayayım mı?"

Efendim, büyükler boşuna büyük olmuyorlar... Onlar, her olayda işin hikmet ve sır tarafına bakıyorlar. Olayların ve insanların görünmeyen taraflarını okuyup, her olumsuzluktan mutluluğa giden yollar açıyorlar...

Yani bizlere gerçekten örnek oluyorlar.

* * *

Bir başka Allah Dostu, Nişapur Vaizi Said bin İsmail de, huysuz hanımından tam 15 yıl çekmiş... Eşinin ölümüne kadar, sabır ve şükür içinde, eziyetlere katlanmış ve asla ayrılmayı düşünmemiş.

İkinci eşi, "Hayatınızda yaptığınız en makbul ibadetiniz nedir?" diye sorunca, "On beş yıllık sabrımdır" cevabını vermiş.

Aile huzursuzluğunun ateşten çemberiyle sarılı 15 yılı sabırla yaşamış olan bu Allah Dostu, çileyi zevk edinmiş, dertleriyle anlaşıp uyuşmuş ve hepsinden de razı olmayı başarmış...

O güzel insanın, asıl ibret almamız gereken şu cümlesi, hepimize, Allah'tan razı olmak dersini veriyor:

"-Kırk senedir, Rabbim'in beni üzen bir takdirde bulunduğunu bilmiyorum."

* * *

Bizler, bu büyüklerin sabrının, direncinin zekatını yaşasak, evlerimiz sevgi cennetine dönüşmez mi?

MANEVİ İŞKENCE!

Boşanma davasında hakim, davacı kadına sordu:

– Neden boşanmak istiyorsunuz kocanızdan?

– Manevi işkence yapıyor bana, sayın hakim.

– Bir örnek verir misiniz?

– Doğum günü pastandaki mumları söndürmene yardım edeyim, dedi. Et, dedim. Gitti, öteki odadaki vantilatörü getirdi! Ben o kadar yaşlı mıyım hakim bey?

EŞ SEVGİSİNİN EN GÜZEL ÖRNEĞİ: GÜZELLER GÜZELİ

Her konuda en güzel örnek oldu, Güzeller Güzeli... Eş sevgisinde de, zirveyi işaretledi.

Buyurdu ki:

"-Bir eşin, eşine sevgiyle bakması, sonbaharda sararan yaprakların dallarından dökülmesi gibi, onların günahlarını döker, temizler."

Bir eşin, eşine ve çocuklarına harcadığı paranın, ona sadaka sevabı kazandırdığını da, biz Efendimiz'den öğrendik.

Güzeller Güzeli, gönül güzelliğini esas aldı ve hep önde tuttu. Bu sebeble, 25 yaşında iken, kendisinden 15 yaş büyük ve dul bir hanım olan Hz. Hatice'nin evlilik teklifini kabul etmişti.

Bu evlilik, manevi şartların ne kadar önemli olduğunu ortaya koydu. Çünkü, Güzeller Güzeli, Hz. Hatice'de sadece bir eş değil, bir can yoldaşı, bir sırdaş ve bütün varlığını yoluna feda edebilen bir fedakar arkadaş bulmuştu.

Hz. Hatice, zengin ve asil bir kadınken, düşman kuşatması altında yaşamaya razı olmuştu. Ekmek bile bulamayan fakir bir insan olmayı göze almış, bundan dolayı da asla şikayet etmemişti.

Yunus diliyle, "Ballar balını buldum, kovanım yağma olsun" demişti. Öyle bir Sevgili bulmuştu ki, O'nun için

BİZ EVLENİYORUZ

bu dünyada ödenmeyecek bir bedel yoktu.

Efendimiz, İlahi mesajı tebliğ için, sık sık evinden ayrılıyordu. Hz. Hatice, o yokken, evinin önünde, 50-60 dereceyi bulan sıcağın altında oturuyordu.

Arkadaşları, onu bu durumda görüp acıdılar. Niçin, iki adım gerideki gölgelikte oturmadığını sordular.

Hz. Hatice'nin cevabı, bir sevgi destanıydı:

"-Resulullah, şimdi bu güneşin altındadır. O da gelip gölgeleninceye kadar, ben de onun gibi yaşamak ve hissettiklerini hissetmek isterim.

Elimde değil, gönlüm bırakmaz beni..."

* * *

Hira mağarası

Güzeller Güzeli, peygamberliğinden önce, tam 45 gün, Hıra Nur dağındaki mağaraya devam etti. Bazan günlerce gelmediği oluyordu. İşte o günlerde, Hz. Hatice, o sarp ve dik patikayı tırmanırdı. Ortalığı kavuran bir sıcaklık altında, Efendimiz'e azık taşırdı.

Yine öyle bir gün, o zor yolu tırmanmış ve nihayet hedefine ulaşmıştı. Elinde, Efendimiz'e getirdiği azık çıkını vardı.

Gördü ki, Efendimiz, bir başka alemde, İlahi huzurda huzur bulmuş haldedir. O'nun aleminde kesintiye sebeb olurum düşüncesiyle, üç gün, üç gece bir taşın arkasında, ses çıkarmadan bekledi.

Efendimiz'i bu bambaşka alemden dünyamıza indirmek istemedi. Kıyamadı manevi alemine...

Ve bekledi, bekledi, bekledi...

İşte örnek aşk budur!..

* * *

Hz. Hatice'nin asıl örnek tarafı ise, bütün mal varlığından bir anda vazgeçebilmesiydi. Herşeyini koydu Efendimiz'in önüne, "Buyur" dedi.

Güzeller Güzeli, "Almam, onlar senin servetindir" deyince de, ancak benzersiz bir aşkla söylenecekleri söyledi:

"-İnsan seni tanıdıktan sonra, dünyaya ait bir ilgiyi nasıl muhafaza eder? İnsan seni tanıdıktan sonra, dünya diye bir şey düşünemez. Al, bu anahtarlar senindir."

* * *

İşte bu servet, tam 11 yıl, Mekke'de kuşatma altında tutulan Müslümanlara nefes aldırdı. 70-80 kişi, Hz. Hatice'nin sunduğu imkanla, bir kaç katı fiyata su ve ekmek temin ederek, yaşadı.

Bütün bu özellikleri sebebiyle Efendimiz onu hiç unutmadı. Hep hasret ve hüzünle andı. Bir gün, "Hatice'ye niçin bu kadar sevdalısın, neden onu hala unutamıyorsun?" diyen Hz. Aişe'ye şöyle dedi:

"-O'nun gönlünde, hiç kimsede olmayan bir özellik vardı. İnsanın gönlündeki hüznü bir vakum gibi çeker alırdı."

Kanların, kinlerin, acımasızlıkların ortasında ve hedefinde bulunan Efendimiz'e ilk kalkan, Hz. Hatice olmuştur.

Bu sebeble, Hz. Hatice annemiz, aşkını hayatıyla, servetiyle ve hayallere sığmayan fedakarlığı ile isbatlamıştır.

Bütün kızlarımıza Hz. Hatice'den ilhamlı muhabbetler dilerim.

Çünkü, ayağa düşürülen ve çok kirletilen aşkı, ancak O'nun yüreğinden ilhamlı sevgilerle kurtaracağız.

Bu muhteşem eş, vefat etti. O seneye, Hüzün senesi adını koydu Efendimiz. Ve bu hüzün, o mübarek gönlünden hiç silinmedi...

O kadar ki, bazan, Hz. Aişe annemiz kızar ve "Bunca yıl sonra, hala o yaşlı kadını anıyorsun. Allah sana daha genç ve güzelini vermişken, hala o ihtiyar kadını anmak, aramak neden..." diye sitemler ederdi.

Güzeller Güzeli, Hz. Aişe annemizin sitemlerine kızmadı, kırılmadı. Hz. Hatice'ye olan muhabbetinin sebeblerini de şöyle açıkladı:

"-Ey Aişe!

Bunca yıl sonra Hatice'yi unutamamamın sebebi, onun dış güzelliği değildir.

O, herkesin beni ret ve inkar ettiği bir zamanda, bana inandı.

Çevremdekiler, bana "Yalancısın" dediklerinde; o, "Doğru söylüyorsun, konuşmaktan çekinme!" dedi.

İnsanlar benden bir pulu esirgediği zaman, Hatice bütün zenginliğini önüme koydu, "Bunların hepsi emrindedir, istediğin gibi harcayabilirsin" dedi.

Dünyada yapayalnız kaldığım zamanlarda, Hatice benden hiç ayrılmadı ve "Bu durumların hepsi de geçicidir, üzülme! Bu zorlukları, kolaylıklar takip edecektir" dedi.

İşte ben, Hatice'yi bu fedakarlıkları sebebiyle unutmuyorum..."

Bu tavrı sebebiyle, Hz. Hatice annemiz, aşkın adı olmuştur.

* * *

Hz. Hatice'nin vefatından yıllar sonra, bir gün, Efendimiz'in ziyaretine yaşlı bir kadın geldi. Fakir görünümlü, köylü bir kadındı.

Bu yaşlı ve güçsüz kadının, beli iki büklüm olmuştu. Bir hurma dalına dayanarak güçlükle yürüyordu.

Efendimiz, onu görür görmez, oturduğu minderden kalktı. Sırtındaki cübbeyi çıkarıp o minderin üzerine serdi. Büyük bir saygı gösterdiği o kadını, kendi minderine oturttu.

Halini hatırını ve ihtiyaçlarını sordu. Onu memnun ve mutlu etmek için çok gayret gösterdi, adeta kendini yordu.

Bir süre sonra, kadın müsaade isteyip gitti. Orada bulunan Hz. Aişe annemiz, Efendimiz'in tavrını biraz garipsemiş olacak ki, sormuştu:

"-Ey Allah'ın Resulü, kim bu kadın ki, bu kadar alaka gösterdiniz?"

Güzeller Güzeli, eş sevgisi konusunda, ulaşamayacağımız bir zirveden şöyle haber verdi:

"- Bu kadın, Hatice'min dostlarından biriydi. Ara sıra ona gelir de, onunla sohbet ederdi."

Yıllar önce vefat etmiş eşinin, ara sıra ziyaretine gelen bir hanıma bu alakayı ve saygıyı gösteren Allah Elçisi, acaba Hz. Hatice'ye nasıl bir ilgi ve sevgi gösteriyordu?

İşte bunu düşündüğümüzde, karşımıza dünyanın en büyük aşkı çıkmaktadır.

Bu aşkın en harika meyvesi, Hz. Fatıma'dır. Efendimiz'in soyu, onun neslinden devam etmiş ve yeryüzüne yayılmıştır.

* * *

Güzeller Güzeli, 53 yaşına kadar, sadece Hz. Hatice annemizle evli kaldı. O'nun vefatından sonraki on yılda da, bir çok kadınla evlilik yaptı. Bu kadınlar, değişik yaş, kültür ve milletten idi. Bin bir hikmetle gerçekleşen bu evliliklerin hiç birinde, Efendimiz, hiç bir kadınına fiske bile

vurmamıştır. Ne vurmuş, ne de kalp kırmıştır. Daima sevgili, saygılı, şefkatli davranmış; hiç birini üzmemiştir.

Bu sebeble, hem iyi bir eş, hem mükemmel bir baba ve dede olarak, örneğimiz ve önderimiz olmuştur.

* * *

Efendimiz, eşine olan sevgisini açıklamaktan hiç çekinmemiştir. Bu konuda, hatırlamamız gereken ibretli bir olay vardır:

Amr bin As, henüz dört aylık bir Müslüman'dı. Buna rağmen Efendimiz, O'nu beş yüz kişilik bir askeri birliğe kumandan tayin etmişti. Bu topluluğun içinde, Hz. Ebubekir ve Ömer de dahil olmak üzere, bir çok tanınmış sahabe vardı.

Amr bin As, Medine civarında talan yapmak isteyen kabilelere bir baskın yapmış ve tehlikeyi uzaklaştırmıştı.

Böyle bir görevin ve sonunda da kazanılmış bir zaferin şerefiyle çok sevinen Amr, şöyle düşündü:

"-Efendimiz, beni ne kadar çok seviyor ki, bu şerefe layık gördü..."

Bu düşünce ile, Güzeller Güzeli'ne sordu:

"-Ey Allah'ın Resulü! En çok sevdiğiniz kimdir?"

Efendimiz, hiç duraksamadan cevap verdi:

"-Aişe'dir."

Hiç tereddüt etmeden, çekinmeden, gayet samimi olarak, en çok eşini sevdiğini söyleyivermek... Böylece, hem takdir edilecek bir yalansızlığı ve hem de eş sevginin utanılacak bir şey olmadığını göstermişti.

Amr bin As, sevgide birinciliği kaçırmıştı ama, ümidini yitirmedi:

"-Kadınlardan değil, erkekler içinde en çok sevdiğiniz kimdir?"

Cevap, yine Amr'ın istediği gibi değildi:

"-Aişe'nin babası Ebu bekir'dir."

MUTLU EVLİLİK MUTLU YUVA

"-Ya O'ndan sonra kimi çok seversin?"

"-Ömer'i severim."

"-Daha sonra kimi seversin?"

Amr bin As soruyor, Efendimiz de sevdiği sahabe isimlerini sayıyordu. Sonunda Amr, kendini susturdu. Çünkü şöyle düşünmüştü:

"-Baktım ki, benim adıma sıra gelmiyor. Sormaya devam edersem, belki en sona kalırım diye korktum da, sesimi kesip sustum."

Her haliyle dosdoğru ve şakasında bile yalansız olan Efendimiz, soruyu samimiyetle cevaplıyor.

Ertuğrul Düzdağ Ağabeyim, bu olayı naklettikten sonra, dikkatimizi asıl şu güzelliğe çekiyor:

"-Bana daha fazla tesir edeni, sevdiği eşinin adını, apaçık, dupduru bir güzellikle söylemesi, hatta Ebu Bekir'i de kızına bağlayarak anmasıdır.

Galiba Müslümanların, doğruluk dersinden çok –çünkü biraz biliyorlar– buna, yani sevgiye, sevdiğini söylemeye, onunla iftihar etmeye, bundan utanmamaya ihtiyaçları var.

SEVDİĞİNİZ KİMSEYE, ONU SEVDİĞİNİZİ BİLDİRİNİZ buyuran da Peygamberimiz değil mi?"

* * *

Güzeller Güzeli, bir gün evine gelmiş ve eşine seslenmiş:

"-Yemek yaptın mı?"

Cevap, "Hayır"dır.

Yaratılmışların en güzeli, "Yiyecek hiç bir şey yok mu?" diye tekrar sorar.

Hanımı: "Bir parça ekmek ve tuz var" deyince, şu karşılığı verir:

"-Tuz, ne güzel bir ekmek katığıdır. Getir, yiyeyim."

Ve hiç bir rahatsızlık işareti göstermeden, ekmeği tuza basarak yer."

* * *

Bir başka gün, yine açtır Güzeller Güzeli. Eşine seslenir:

"-Yiyecek bir şey var mı?"

"-Evet" der Hanım'ı, "Sirke var."

Efendiler Efendisi'nin cevabı, bütün efendilere ders verecek kıvamdadır:

"-Sirke ne güzel bir katıktır."

O gün de, ekmeğini sirkeye banarak yer.

* * *

Bir başka gün, yine Güzeller Güzeli, evine seslendi:

"-Yiyecek bir şeyimiz var mı?"

"-Hayır, ey Allah'ın Elçisi! Yiyecek hiçbir şeyimiz yok..."

Efendiler Efendisi, en küçük bir rahatsızlık tavrı göstermedi. Üstelik, şu çok ibretli cevabı verdi:

"-Öyleyse, ben de oruca niyetlendim."

Erkekler, Efendimiz'in bu anlayışını örnek alırlarsa, hanımlarının gönüllerine giden yolu açmış olurlar. Ne var ki, hanımlar da, herşeye rağmen, kalbe giden yolun, mideden geçtiğini unutmamalıdırlar.

Eşlerin en güzeli, buyurur ki:

"-Eşler, birbirine seven gözlerle bakarlarsa, Allah da onlara rahmet nazarıyla bakar. Tokalaşırlarsa, parmaklarının arasından günahları dökülür, gider."

* * *

Efendimiz'in eşlerine soruldu:

"-Resulullah (s.a.) evde ne ile meşgul olurdu?"

Dediler ki:

"-İbadet haricinde, bize yardım ederdi. Bazan evi süpürür, bazan da, ya elbisesinin yırtılan yerlerini yamar, ya da ayakkabısındaki sökükleri tamir ederdi."

Onca ağır ve zor meşguliyeti arasında, şahsi işlerini de kendisi yapan, evde eşlerine yardımda bulunan Güzeller Güzeli'nin hali, bize ne demek istiyor acaba, sevgili beyler?

* * *

Bir kadının kocası üzerindeki haklarını, Efendimiz şöyle açıklamıştır:

"-Yediğin zaman yedirirsin ve giydiğin zaman giydirirsin.

Sakın yüzüne vurma.

Ona ve yaptığı işlere çirkin deme.

Darılıp, onu yalnız bırakma.

Fena söz söyleme."

"-Kadınlar hakkında birbirinize hayır tavsiye ediniz."

"-Mü'min bir erkek, mü'min kadına kızıp darılmasın. Eğer onun bir huyundan hoşlanmazsa, öböründen memnun olabilir."

"-Mü'minlerin iman yönünden en olgunları, ahlakça en güzel olanlarıdır. Sizin en hayırlınız, kadınlarına karşı en iyi ve en nazik olanınızdır."

Eşine nazik ve kibar davranan birinin, onu dövmesi mümkün mü?

Bu hususta da Efendimiz çok hassastır. Kadınları kastederek şöyle buyurmuştur:

"-Allah'ın kullarını dövmeyin."

BİZ EVLENİYORUZ

"-Muhammed ailesine bir çok kadın gelip gitmekte ve kocalarından şikayet etmektedir. Hanımlarını dövenler, şüphe yok ki, sizin hayırlılarınız değildir."

* * *

Güzeller Güzeli, tavsiye ettiği her hususu, en özenli uygulayan bir örnektir. Zaten tesir gücü de buradan gelmektedir. Bu çerçevede şu harika misale bakınız:

"-Bir gün, Efendimiz, o çok sevdiği sevgili eşi Hz. Aişe ile tartışmıştı. Bir konuda anlaşamamışlardı. Demek ki birbirini en çok sevenler de, bazı konularda anlaşamayabilirler.

İkisi de kendi doğrusunda ısrar edip, anlaşamayınca, Efendimiz şu teklifi yaptı:

"-Aişe, madem ki biz aramızda anlaşamıyoruz, öyleyse babanı çağır, durumu ona anlatalım. O'nun vereceği kararı kabul edelim. Razı mısın?"

Hz. Aişe annemiz bu teklifi kabul etti ve babasını çağırdı.

Hz. Ebu Bekir gelince, Efendimiz, Hz. Aişe'ye sordu:

"-Önce sen mi anlatacaksın, ben mi?"

Hz. Aişe de şu cevabı verdi:

"-Önce Sen anlat. Ama doğru anlat!"

Hz. Ebu Bekir bu cevap üzerine çok kızdı ve kızına dedi ki:

"-Allah'ın Resulü, eğri mi anlatır ki, böyle bir şart koşuyorsun?"

Ve kendini tutamayarak elini kaldırdı. Ancak, kızını dövmek isteyen Baba'yı, Efendimiz şöyle uyardı:

"- Ey Ebu Bekir! Biz seni buraya aramızda hakem olasın diye çağırdık, yoksa kızını dövesin diye değil!.."

Güzeller Güzeli, en haklı olduğu bir zamanda bile, ne kızmış, ne kırmış, ne de dövmüştür. O'nu kendisine örnek alanlar da, eşini dövmekten şiddetle sakınmalıdır.

Bir hadisinde, Efendimiz, gece yatağına alacağı eşini, gündüz döven erkekleri uyarmış ve ayıplamıştır.

> Güzeller Güzeli, en haklı olduğu bir zamanda bile, ne kızmış, ne kırmış, ne de dövmüştür. O'nu kendisine örnek alanlar da, eşini dövmekten şiddetle sakınmalıdır.

* * *

Efendimiz, kadınlara karşı çok itinalı, özenli ve dikkatli olunmasını tavsiye etmiştir. O'nun öğütlerine uyanlar, gerçek anlamıyla örnek bir beyefendi olurlar. Mesela, ortada fol yok, yumurta yokken, kadınından şüphelenmeyi, onu gizlice tetkik ve teftiş etmeyi yasaklamıştır.

Bu konuda çok büyük bir incelik göstererek şöyle buyurmuştur:

"-Sizden biriniz, uzun zaman ailesinden ayrılmışsa, gelişinde evine geceleyin (gizlice) varmasın."

Ola ki, hanımının korkmasına sebeb olur. Ya da saçı başı dağınık ve kendisi için hazırlıksız bulur diye, eve haberli gelmeyi tavsiye edip, kadınları korumuştur.

Bir kadını, kocasına çekiştirip kötüleyeni de Efendimiz şiddetli bir biçimde uyarmıştır:

"-Bir kadını kocasına kötü tanıtıp, ispiyonlayan bizden değildir."

* * *

Güzeller Güzeli, eşlerinin meşru çerçevede gülüp eğlenmelerine müsaade ederdi. Mesela, Hz. Aişe annemizle, yolda hız yarışı yapardı. Bazan kendisi Hz. Aişe'yi geçer, bazan da eşi onu geçerdi.

Bir defasında, Medine Mescidi'nde Habeşliler mızraklarıyla savaş oyunları yaptı. Hz. Aişe bu oyunları seyretmek istedi. Efendimiz bu isteği kabul etti. Hz. Aişe'yi oraya götürdü. Oyunları kapıdan seyrettiler.

Hz. Aişe, Efendimiz'in arkasından başını omuzlarına dayanmış olarak seyre dalmıştı. Resulullah (s. a.) arada bir usanıp usanmadığını soruyor ve onun isteği üzerine de seyre devam ettiriyordu.

Nihayet, Hz. Aişe'nin, "Tamam" demesi üzerine oradan ayrıldılar.

Bir kurban bayramında, Hz. Ebubekir, kızı Aişe'ye gelir. Bir de bakar ki, iki kız tef çalıp türkü söylüyor. Efendimiz de elbisesine sarınıp bir köşeye yaslanmış...

Hz. Ebubekir, hemen kızları azarlar ve susturur. Bu durumu gören Güzeller Güzeli, şöyle buyurur:

"-Bırak onları Ebu Bekir, herkesin bir bayramı vardır. Bu da bizim bayramımızdır."

Hz. Aişe annemiz, akrabalarından bir kızı, Ensar'dan biriyle evlendirmişti. Efendimiz, Hz. Aişe'ye şöyle dedi:

"-Aişe, galiba düğününüzde oyun ve eğlence yoktu. Halbuki Ensar oyundan hoşlanırlar."

Hatta, bir rivayette bu konuşma şöyle devam etti:

"-Gelinle birlikte, tef çalıp şarkı söyleyecek bir kızcağız gönderdiniz mi?"

"-Gönderseydik, ne diyecekti bu kız?"

Güzeller Güzeli, üç beyitlik bir şiir söyledi ve "İşte böyle diyebilirdi" buyurdu.

Bu konuda sözü, yine en güzel yaratılmış olana bırakalım:

"-Kişinin oynadığı bütün oyunlar boştur, yersizdir. Ancak, yayı ile ok atması, atına idman yaptırması ve eşiyle oynaması müstesna. Bunlar haktandır, doğrudur."

* * *

Efendimiz, kadın hakları konusunda çok titizdi. Elbette ki O, kendiliğinden konuşmuyor, Rabbi'nden aldığı vahiy ve ilhamla konuşuyordu.

Halbuki o toplumda, daha kısa bir süre önce, kız çocukları diri diri toprağa gömülüyor, hayvanlar gibi para ile alınıp satılıyordu. İsteyen erkek, istediği sayıda kadına sahip olabiliyordu. İslam bu açıdan da, dünyanın en büyük inkılabını yapmıştır.

Kadınların, Efendimiz dönemindeki itibarını anlayabilmek için, Hz. Ömer'in oğlu Abdullah'a kulak verelim:

"-Biz, Hz. Peygamber'in sağlığında, hakkımızda ayet iner korkusuyla, kadınlarımıza sert söylemek ve haşin davranmaktan korkardık.

Fakat Resulullah (s.a.) vefat ettikten sonra, artık sert konuşmaya ve haşin davranmaya başladık."

KAYNANA NE DEMEK?

"-Tarihin en uzun, en kanlı, en kalıcı ve en acımasız savaşı; gelin-kaynana savaşıdır. Bu savaş önlenirse, bir çok kavganın ve savaşın da önüne geçilmiş olur."

V. Vakkasoğlu

Sahi, kaynana ne demektir?

Bu isim, hep olumsuz çağrışımlar yapmaktadır. Bana kalırsa, önce bu kelimeyi ortadan kaldırmak gerekir. Sonra da, ondan anlaşılan manayı, tamamıyla toplumumuzdan çıkarmak icabeder.

Kaynana, kayın valide demektir. Kayın valide ise, kaim-i valide, yani anne yerine gelen demektir. Zira, insan evlenerek ikinci bir anne kazanmaktadır. Bir anne yerine, bir anne daha, ne güzel değil mi?

Ama, gerçekten öyle mi?

Kaynata da, kayın peder demektir. Ama onun da aslı, kaim-i peder oluyor. Yani baba yerine gelen... İkinci bir baba...

Demek ki, insan evlenmekle, sadece bir eş kazanmış olmuyor, ayrıca yeni bir anne ve baba da kazanmış oluyor.

Ama evlenenler, gerçekten ikinci anne ve babalarıyla daha çok güçlenip, daha fazla mutlu mu oluyorlar?

Böyle olmadığını hepimiz biliyoruz.

Dünyanın en eski savaşı, gelin-kaynana savaşıdır. Ancak, bu gerçeğe bakıp da, kayınvalidelere zararlı varlıklar gibi bakmayınız. Çünkü, dünya imtihan dünyasıdır. Rabbimiz bizi bu aleme, denemek ve sınamak için göndermiştir. Bu sebeble,

> **Yıkmanın, tahribin her türlüsü kötüdür ama, aile yuvasını bozmanın günahı hepsinden daha beterdir.**

insan bazan kayınvalide ile, bazan da kayınpeder ile imtihan olunur. Peki, kayınvalidesi ve kayınpederi olmayanların imtihanı yok mudur?

Olmaz olur mu? İmtihansız dünya yoktur. Mesela, Hz. Adem ile Hz. Havva'nın, ne kayınvalideleri, ne de kayınpederleri vardı. Buna rağmen, onlar da imtihandan kurtulamadılar. Yüce Yaratan onları da Şeytan'la imtihan etti.

Bu gerçeği bilenler, kayınvalidelerine ve kayınpederlerine daha bir anlayışla bakarlar. Ve özellikle de kızlarımız, müstakbel eşlerinde aradıkları özelliklerin arasına, "Annesiz olsun" maddesini katmazlar. Eğer, kızımızın ya da oğlumuzun çekeceği varsa, kayınvalidesi, kayınpederi olmasa da kurtuluş yoktur; imtihanı gelip onu bulacak demektir. Öyleyse, şu gerçeği tekrarlayalım: Dünya, imtihan dünyasıdır. Buraya hepimiz, denenmek, sınanmak ve seçilmek için gönderildik.

* * *

Bütün bu gerçeklere rağmen, biliyoruz ki, bir çok evli insan, özellikle de kayın validesinden şikayet ediyor, hatta onları yuvalarını yıkmakla suçluyor.

Gençler, özellikle de kızlar, eş seçerken, hemen delikanlının annesi var mı diye soruyorlar. Eğer kayınvalidesi olmayacaksa, seviniyorlar.

Niçin böyle oluyor?

Gerçekten kayınvalideler, korkulacak insanlar mıdır?

Elbette her insan çeşidi gibi, kayınvalidelerin de iyisi vardır, kötüsü vardır. Mesela benim tanıdığım melek gibi

BİZ EVLENİYORUZ

kayınvalideler vardır.

Ama, göze görünenler, hep korkulan, ürkülen ve istenmeyen kayınvalidelerdir.

Niçin, kaynana deyince ürperiyor kızlarımız?

Anne, ya da baba yerindeki bu insanlar, yuva yıkarlar mı?

Özellikle de, şefkat kahramanı olan hanımefendiler, kayınvalide olunca, nasıl olup da yıkıcılığa başlıyorlar?

Tabii ki, bu problemin bir çok sebebi vardır:

1-Birinci sebeb, kayınvalidelerin cahilliğidir. Kayınvalideler, çoğu zaman iyi yaptıklarını sanarak, kötülük yapıyorlar.

Kimi, kendisine kötülük yapan gelininden intikam alıyor. Kimi, zavallı oğlunu zalim gelininin elinden kurtarmak istiyor. Kimi, gelin iken kendisine çektirilenleri, gelinine çektiriyor. Kimi de, kendi seçmediği gelinini, istediği biriyle değiştirmek için harekete geçiyor.

Bütün bu sebebler, ya da bahaneler, bir yuvanın yıkılması için yeterli ve gerekli midir?

Elbette ki, hiç bir insan, hiç bir şekilde, kurulmuş bir yuvanın sarsılıp yıkılmasına sebeb olmamalı. Çünkü yıkmanın, tahribin her türlüsü kötüdür ama, aile yuvasını bozmanın günahı hepsinden daha beterdir.

Eğer, yuvayı yıkan bir anne ise, günahı azalmaz, tersine çoğalır.

2-Bazı kayınvalideler, evlenen oğlunu gelinine kaptırdığını ve elinden kaçırdığını sanıyor. Yıllarca emek verip, beslediği, büyüttüğü evlat, şimdi bir başkasının oldu diye düşünüyor. Oğlunun, gelinine olan sevgisini kıskanıyor.

Tekrar oğlunu ve onun bekarlığındaki sevgisini kazanmak üzere harekete geçiyor.

3-Bazan da, kayınvalide şefkatini kötüye kullanıyor.

MUTLU EVLİLİK MUTLU YUVA

Gelininin, oğluna iyi bakmadığını, onu perişan ettiğini söylüyor. Ve dolayısıyla da böyle bir gelinin kendi ailesine ve oğluna layık olmadığını düşünüyor.

"-Bu beceriksiz gelinle mi oğlum bir ömür geçirecek? Ne doğru dürüst yemek yapmasını biliyor, ne de temizlik yapmasını!.. Benim oğlum buna mı layık!" diyor.

Bu iş böyle gitmemeli diyerek, oğul aşkına ayağa kalkıyor.

4-Bazan da, gelin hanımın sürekli kendi ailesiyle düşüp kalkması, hep onlarla olması, imkanlarını daima o tarafa yönlendirmesi, kayıvalideyi ateşliyor. Bir çok kayınvalidenin ortak şikayeti şudur:

"-Bu gelin bizim ailemize bir türlü ısınmadı. Bizi anne baba bilmiyor. Oğlumu ve torunumu da bizden koparıyor. Bunun bütün aklı fikri, kendi anne-babasında ve kardeşlerinde. Eline geçeni onlara taşıyor, bize dönüp bakmıyor bile..."

İşte bu ve benzeri sebebler, kayınvalideyi bir meydan savaşına itiyor. Elbette ki savaş acımasızdır. "Kavgada yumruk sayılmaz" kaidesince, dediğini mutlaka yaptırmak ve galip gelmek için, her yolu ve metodu deniyor.

Bir yandan gelinini çekiştiriyor. Onun hatalarını abartarak anlatıyor. En küçük kusurunu, büyük bir cinayet haberi gibi dalgalandırıyor.

Diğer yandan da, oğlunu kışkırtıyor. Hatta bazan, "At gitsin bu mıymıntıyı, ben sana dünya güzeli gelin alırım!" diyor.

Peki, doğru mu yapıyor?

-Hayır! Bu tür davranışlar asla doğru değildir. Çünkü, adaletsizliktir. Çünkü, kul hakkına girmektir. Çünkü, yuva yıkmak, büyük bir günahtır. Hele de yuva çocuklu ise, bu günah katlanır ve altından kalkılamaz bir vebale dönüşür.

Öyleyse, ideal bir kayınvalide ne yapmalı, nasıl davranmalıdır?

KAYINVALİDELER NE YAPMALI?

1- Bir kayınvalide, öncelikle gelinini kızı gibi görmeli. Kendi kızına nasıl davranılmasını istiyorsa, kendisi de gelinine öyle davranmalıdır. Bu dünya, etme bulma dünyasıdır. Ettiğimizi, er geç bir gün, bir şekilde çekeceğimiz bir imtihan yerinde bulunuyoruz.

Bu sebeble, kızımıza yapılmasını istemediğimiz bir şeyi, biz de başkalarına yapmamalıyız.

Kayınvalide, gelinine "Kızım" dedikçe, gerçekten kızı gibi gördükçe, gelin hanım da onu anne gibi görmeye başlayacaktır. Fakat bu konuda ilk adımı atmak, tecrübeli hanımefendilere, yani kayınvalidelere düşmektedir.

Önce onlar, gelinlerine sarılıp "Canım Kızım" diyebilmelidirler.

Tabii ki, bu "Kızım" sözü, sadece dilde değil, bütün tavır ve davranışlarında bulunmalı.

Mesela, gelini bir hata yaptığında, kayınvalide şöyle düşünmelidir:

"-Bu hatayı kızım yapsa, nasıl karşılardım?"

Tabii ki, vicdanı şöyle cevaplıyacaktır:

"Biraz kızsam da, çabucak affederdim."

Bu vicdan hesaplaşması nasıl sonuçlanırdı? Herhalde kayınvalide şöyle derdi:

"-Madem, gelinim de benim kızımdır. Kızımın hatalarına nasıl katlanıp sabrediyorsam, gelinimin hatalarına da aynı karşılığı vermeliyim."

> **Kayınvalide, gelinine "Kızım" dedikçe, gerçekten kızı gibi gördükçe, gelin hanım da onu anne gibi görmeye başlayacaktır.**

2- Kayınvalide, kendi gelinlik günlerini hatırlamalı, yeni bir hayata başlarken çektiği zorlukları unutmamalıdır. Aynı zorlukları gelininin de yaşadığını idrak ederek, ona şefkatle yaklaşıp işini kolaylaştırmalı, elinden gelen her yardımı yapmalıdır.

Hatta gelinine şöyle diyebilmelidir:

"Evladım, eğer oğlum seni üzer, sıkar veya herhangi bir şekilde kırarsa, hiç çekinmeden bana bildir. Ben, anne olarak, ona senin söyleyemediklerini söyler, durumunuzu düzeltirim. Lütfen her üzüntünü aç bana.

Bütün varlığımla yanındayım."

3- Kayınvalide, gelininin güzel davranışlarını farketmeli ve takdirlerini, tebriklerini cömertce sunmalıdır.

Bir "Aferin" demek çok mu zordur. "Maşaallah, ne güzel düşünmüşsün bunu" diyerek, gelinine sarılmak çok mu yorucudur?

Bütün kayınvalideler bilmelidir ki, gelininiz, takdir ve tebrik ettiğiniz halleri daha da geliştirip çoğaltacaktır.

4- Gelininizi, özellikle de başkalarının yanında, onun eksik ve noksanlarını söyleyerek mahcup etmeyiniz. Hele de yokluğunda, hısım akrabaya, konu komşuya gelininizi çekiştirmeyiniz. Gelininizin dedikodusunu yapmayınız.

Zira bu tür davranışlar, gelin hanımı hatalarından döndürmez. Tam tersine, kayınvalidesiyle aradaki bütün bağları koparmaya götürür. Çünkü, hiç kimse elaleme rezil olmayı istemez.

Hata ve kusurlarının çevreye duyurulmasından kim mutlu olabilir ki?

Böyle bir durumda, gelin hanım hemen savunmaya geçer. O da kayınvalidesinin eksiklerini, abartarak anlat-

> **Bütün kayınvalideler bilmelidir ki, gelininiz, takdir ve tebrik ettiğiniz halleri daha da geliştirip çoğaltacaktır.**

maya başlar. Eğer bir de, aralarında laf getirip götürürerek, bu tartışmayı körükleyenler varsa, gelin-kaynana savaşı bütün dehşetiyle başlamış olur.

Bundan dolayı, geliniyle iyi geçinmek isteyen bir kayınvalide, başkalarına gelininin hatalarını değil, iyi taraflarını anlatmalı, memnuniyetini ifade etmelidir.

5- Kayınvalide gelinine, daha da iyi olması için dua etmelidir. Onun iyiliklerini geliştirmesi ve kusurlarından kurtulması için, elini ve gönlünü Rabbi'ne açmalıdır. Çünkü, her şeye gücü yeten, gönülleri evirip çeviren ve hakim olan, ancak Allah'tır.

Allah, Rahman ve Rahim'dir. Acıması, esirgemesi, bağışlaması sonsuz ve sınırsızdır. Kayınvalide derdini, şikayetini O'na açmalı; gelinine de iyilikler, güzellikler, hayırlar ve huzurlar vermesini dilemelidir.

6- Kayınvalide, gelinin her işine karışıp, her konuda hep kendi dediklerinin yapılmasını istememelidir. Sadece sorulursa, kendi düşüncelerini söylemelidir.

"-Her hususta en iyiyi ancak ben bilirim, gelinimin aklı ermez, oğlum da anlamaz!" diyen kayınvalide, sevilmez.

Elbette ki tecrübe önemlidir. Kayınvalide tecrübesini, bir danışman gibi kullanmalıdır. Gelinini dışlamış da, evin yönetimine el koymuş havasında, her işe karışmamalı; ancak danışılırsa bilgisini aktarmalıdır.

Zaten isabetli ve doğru konuşan kayınvalideler, sadece gelininin değil, bütün mahallenin akıl hocası olurlar.

Kayınvalidelerin üslubu, "Kızım sana söylüyorum, gelinim sen anla" şeklinde olmalıdır. Bunun için, "Bak kızım, şu işi eksik yaptın, böyle olmaz, doğrusu şudur" diyeceğine, bir sohbet sırasında, yerine getirip, "Ben yeni gelinken..." diye söze başlayıp, misali kendinden, ya da bir yakınından verse, daha etkili olacaktır.

> Geliniyle iyi geçinmek isteyen bir kayınvalide, başkalarına gelininin hatalarını değil, iyi taraflarını anlatmalı, memnuniyetini ifade etmelidir.

7- Kayınvalide, gelinini bir konuda düzeltmek istiyorsa, bunu sert bir üslupla söylememeli. Sevgiyle, şefkatle, hatta yerine göre öpe, seve, okşaya duyurmalıdır. Aslında en önemli düzeltme yöntemi, doğru olanı yaparak göstermektir.

8- Hayat, sürekli bir değişim içindedir. Zevkler, renkler, anlayışlar farklı ve başka başkadır. Ve devamlı bir başkalaşma yaşanmaktadır.

Böyle bir dünyada, kayınvalide kendi döneminin anlayışlarını, zevklerini gelinine zorla kabul ettirmeye kalkmamalıdır.

Kayınvalide, "-Bizim gençliğimizde, bu iş böyle yapılmazdı" diyerek, hep eskiden misal vermemelidir. O zaman geçmiş, şimdi bir başka zaman gelmiştir. Temel ölçülere bağlı kalmak şartıyla; şekil, biçim, adet değişikliklerine müsamaha ile bakmalıdır.

9- Kayınvalide, gelinini, anne-babasından ve akrabalarından koparmaya kalkmamalıdır. Tam tersine, akrabalık bağlarını güçlü tutmaya teşvik etmelidir. Çünkü, kendi büyüklerine saygısı ve sevgisi engellenmeyen bir gelin, bu anlayışı gösteren kayınvalidesini ve kayınpederini daha kolay sevecektir.

10- Gelininin huzurunu kaçıran bir kayınvalide, aynı zamanda oğlunu da huzursuz ettiğini bilmelidir. Hatta bazan oğullar, annesiyle hanımı arasında kalır ve daha çok ezilirler. Dolayısıyla, oğlu adına savaşan bir kayınvalide, farkına varmadan, asıl büyük zararı oğluna verir.

Ben, anne sevgisiyle, eş sevgisi arasında yüreği parçalanan nice mutsuz adam tanımışımdır. Bir yanda anne, diğer yanda hanımı ve ikisinin arasında, ne yapacağını

BİZ EVLENİYORUZ

şaşırıp kalmış bir genç adam...

Peki, bu hanımefendi, kayınvalide olarak gelinine verdiği zararın daha fazlasını, anne olarak oğluna vermiş olmuyor mu?

Evladını zor durumda bırakarak üzen bir anne, kendisi mutlu olabilir mi?

Öyleyse neden kavga, niçin sevgisizlik?

Kayınvalideler, kendilerine yakışan sevgi ve şefkatten asla ayrılmamalıdırlar. Hatta kayınpeder acımasız davransa, kayınvalide bir şefkat kahramanı olarak onu durdurmalıdır.

11- Kayınvalideler çifte standart uygulamamalıdır. Yani kızının durumunu değerlendirirken bir ölçü, oğlu söz konusu olunca bir başka ölçü kabul etmemelidir.

Bu konuyu çok güzel açıklayan bir olay anlatayım:

"-Yıllardır görüşemeyen, iki eski komşu, nihayet buluşmuşlar. Bu iki hanımefendi, sohbet muhabbet ederken, söz evlatlara gelmiş.

"-Sizin iki şirin çocuğunuz vardı? Neredeler, ne yaparlar?" demiş hanımefendilerden biri... Öteki de anlatmış:

"-Evet, bir kızım, bir de oğlum vardı. Evlendiler, yurt yuva sahibi oldular, şükür. Ama teyzesi, kızım çok şanslı çıktı. Allah nazarlardan saklasın, melek gibi bir damadım var. Kızımın elini soğuktan sıcağa sokturmuyor. Akşam yemeğini damadım hazırlıyor, kızıma salata bile yaptırmıyor.

Kızım adeta bir kraliçe. Bir dediği iki olmuyor... Allah, herkese böyle damat nasip etsin. "

Dinleyen hanımefendi de sevinmiş arkadaş kızının mutluluğuna. "Peki oğlandan ne haber" deyivermiş. Demiş demesine ama, arkadaşı öyle bir dertlenmiş ki, sorduğuna pişman olmuş:

"Aman teyzesi, oğlumu hiç sorma!" demiş. "Oğlum öyle bir cadıya düştü ki, anlatamam. Böyle gelin düşman başına bile olmasın.

Kız kendisini kraliçe sanıyor. Elini sıcaktan soğuğa vurmuyor. Doğru dürüst yemek yapmıyor, çamaşır yıkamıyor. Zavallı oğlum, her işe kendisi koşuyor. Sanki evin reisi değil, hizmetçisi..."

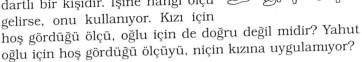

İşte bu kayınvalide, çifte standartlı bir kişidir. İşine hangi ölçü gelirse, onu kullanıyor. Kızı için hoş gördüğü ölçü, oğlu için de doğru değil midir? Yahut oğlu için hoş gördüğü ölçüyü, niçin kızına uygulamıyor?

Kayınvalidelerin çift değil, tek ölçüsü olmalıdır. Oğulları için istediklerini, damatları için de istemelidirler. Bu isteyişteki samimiyetleri nisbetinde, damatlar da oğul gibi olur; kendisini de anne bilirler.

MAKYAJ VE SAVAŞ

Ahmet'le babası o gün sinemaya gitmişlerdi. Bir kızılderili filmi oynuyordu. Filmi dikkatle izleyen Ahmet, bir ara babasına sordu:

– Babacığım, kızılderililer neden yüzlerini gözlerini boyuyorlar?

Babası:

– Savaşa hazırlanıyorlar da onun için! dedi.

Aradan birkaç gün geçmişti. Ahmet, korkudan nefes nefese babasının yanına koşarak geldi:

– Babacığım çabuk, kaçalım! deyince babası:

– Ne oldu oğlum, neden kaçıyoruz? şeklinde endişesini belirtti.

Ahmet:

– Annem, aynanın karşısına geçmiş, yüzünü gözünü boyuyor, dedi. Belli ki savaşa hazırlanıyor!

GELİNLERE DÜŞEN GÖREVLER

Geçimsizlik hallerinde hata tek taraflı olmaz. Az ya da çok, her iki tarafta da hata ve kusur bulunabilir. Bazan da, hata olmasa bile yanlış anlaşılma olabilir. Bir tarafın melek olduğu kavga çok azdır.

Bu sebeble, aileye huzur ve mutluluk getirmek için, gelin hanımlara da önemli görevler düşmektedir:

1- Gelinler, bir gün yaşlanıp kendilerinin de kayınvalide olacaklarını düşünmeli... Kayınvalide olduklarında kendilerine nasıl davranılmasını isterlerse, kendileri de kayınvalidelerine öyle davranmaya çalışmalıdırlar.

Evrensel bir ölçüdür: "Kendinize nasıl davranılmasını istiyorsanız, siz de başkalarına öyle davranınız."

2- Gençlerle yaşlılar aynı değildir. Bazı yaşlılar, yılların verdiği yorgunlukla daha sert ve sabırsız olabilirler. Bu sebeble, yerli yersiz hırçınlaşabilir ve kalp kırabilirler.

Gelinler bu hususa dikkat etmeli, daha genç ve güçlü olmanın zekatını, anlayış ve hoşgörü göstererek vermelidirler. Gerekli anlayışı gösterebilmek için, en çok lazım olan, sabırdır. Sabır, kurtuluştur, çözümdür ve huzura giden yoldur.

3- Gelinler, kayınvalidelerine kaynana diye bakmamalı, "Eşimin annesi" diye bakmalı... O hanım, eşinizin annesidir. Onu memnun ederseniz, eşinizi de mutlu etmiş olursunuz. Eşinizin mutluluğu da, ilk önce size yansıyacaktır. Dolayısıyla da, kayınvalidenizi memnun etmeniz, dönüp dolaşıp size mutluluk olarak gelecektir. O halde, sonuçta kazanacak olan yine sizsiniz.

Gerçek bu ise, ne diye bekliyorsunuz? Bugünden tezi yok, kayınvalidenizi mutlu etmenin yollarını arayınız.

4- Kayınvalidenizi takdir edin, yeri geldiğinde tebrik edin. Özel ve önemli günlerde onu hatırlayın ve kutlayın. Annenize yaptığınız gibi sarılın, ellerini öpün, "Anne, Anneciğim" deyin...

5- Beyiniz hakkında, kayınvalidenizle konuşun.

"-Anneciğim, onu en iyi tanıyan sensin... Anlatır mısın bana, çocukluğu, gençliği nasıldı? Nasıl yetiştirdiniz onu?" diye sorun.

Kayınvalidenizin bu sorulara vereceği cevabı, can kulağı ile dinleyin. Böylece, hem eşiniz hakkında bilmediklerinizi öğrenecek, hem neşeli bir sohbet yapmış olacak, hem de kayınvalidenizi mutlu edeceksiniz."

Unutmayınız ki, bu mutluluk eşinize de yansıyacak, bereketlenip, çoğalıp tekrar daha fazlasıyla size dönecektir.

6- Kayınvalidenize sık sık akıl danışın, nasihat isteyin. Ondan öğrendiklerinize karşılık, "İyi ki varsınız, siz olmasanız ben ne yapardım" demeyi ihmal etmeyin.

Bunu yapabilmek için, sadece bazı kuruntuları aşmak ve Şeytan'a mahsus olan gurura takılmamak gerekiyor.

İkinci bir anne bilerek, onu zaten sevmek, saymak zorundasınız. Bu sevgi ve saygıyı gönülden ve isteyerek gösterirseniz, sevabınızı ve mutluluğunuzu çoğaltırsınız.

7- Kayınvalidenize karşı, tek göz, tek kulak olunuz. Yani onun her dediğini duymayınız, her halini görmeyiniz. Sizi üzecek davranışlarını görmezlikten geliniz. Canınızı sıkacak sözlerine kulaklarınızı kapatınız.

Zaten kimin her hali güzel, her sözü hoştur ki...

Aklı başında bir gelin şöyle düşünür:

"-Her insan gibi, kayınvalidemin de hataları, yanlışları oluyor ama, ben onunkileri görmeyeyim ki, o da benimkileri görmesin"

"-Kayınvalidem de annem gibidir. Annemin bana karşı yaptığı yanlışları nasıl hemen affedip unutuyorsam, kayınvalideme de aynı davranmalıyım."

8- Eşinize, annesi hakkında olumsuz şeyler söylemeyin. Söylemek zorunda kalırsanız, ifadenizde asla saygısızlık bulunmasın. Eşinizin, benzeri bir durumda, sizin anneniz hakkında nasıl konuşmasını istiyorsanız, siz de öyle bir üslupla konuşun.

BEYLER NE YAPMALI?

Elbette ki aile bir bütündür. Bu yüzden, iyi bir geçim için, bu hususta beylere de önemli görevler düşmektedir. Bazı beyler, gelin-kaynana savaşında, kenarda durmayı ve karışmamayı tercih ediyorlar. Bu, büyük bir hatadır.

Peki beylere düşen görevler nedir?

1- Öncelikle, bir bey, anne sevgisiyle eş sevgisini birbirinden ayırabilmelidir. Bilmelidir ki, "Cennet, annelerin ayaklarının altındadır." Dolayısıyla, anne yüreği daima gözetilmeli, memnun ve mutlu edilmelidir.

Bir bey, her zaman ve her konuda eşini tutar da annesine karşı gelirse, büyük bir günah işlemiş olur. Bu konuda Efendimiz, çok hassastır:

"-On beş kötülüğü ümmetim işleyince, bela tepelerine iner" buyururur, sonra da, onlardan birini şöyle açıklar:

"-Kişi, eşine itaat edip, annesine karşı gelince... Arkadaşının sözüne bakıp, babasını dinlemez olunca..."

Ancak, aile saadeti için, eşini mutlu etmekle de yükümlüdür. İşte bütün mesele, bu iki sevgi arasındaki hassas dengeyi korumaya bağlıdır.

Çünkü, ne anadan, ne de yardan geçilir...

Öyle ise, gelin-kaynana kavgasında, kocaya düşen görev, tarafsızlıktır. Tarafsıza düşen görev ise, iki taraf arasında arabuluculuk ve kaynaştırıcılık yapmaktır.

Bu gerçeği çok doğru kavramış ve uygulamış olan aziz kardeşim Dr. Nazım İnkaya'yı dinleyelim mi:

"-Evliliğimin ilk günlerinde ilk işim, gelin-kaynana uzlaşmasını sağlamak için harekete geçmek oldu. Anneme gidip dedim ki:

"-Anne gelinin diyor ki, "Yıllarca yaptığım dualarım kabul oldu. Rabbim bana melek bir kayınvalide verdi. Bu yüzden çok mutluyum.

Ne kadar iyi bir insan, inanamıyorum, hatta bazan yaşadıklarımı rüya sanıyorum. Rabbim'in bu ikramı karşısında nasıl şükredeceğimi bilemiyorum."

Eşime de, gelip dedim ki:

"-Anneme kendini nasıl sevdirdin böyle? Annem senin için diyor ki, "Rabbim bana acıdı da melek bir gelin verdi. Sanki aramıza dışarıdan gelip karışmış biri değil de, elimde benim terbiyemle tam bana göre yetişmiş öz kızım gibi... Bu nasıl terbiye, asalet, temizlik... Bu kız bir insan mı, yoksa bir melek mi, bilemiyorum."

Annem eşime, eşim de anneme karşı çok iyi davrandılar. Karşılıklı bu iyi davranış, zaman içinde o kadar gelişti, olgunlaştı ve arttı ki, gerçekten anne kız gibi oldular."

Dr. Nazım kardeşim, kayınvalide-gelin muhabbeti iyice pekişip sarsılmaz hale gelince, bu sırrını açıklamış. Eşi ile annesi de, "Sen öyle yapmasaydın da, biz yine anne-kız olurduk" demişler.

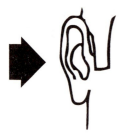

2- Bir bey, annesinden eşi hakkında duyduğu olumsuz değerlendirmeleri sükunetle dinlemeli. Ancak, annesinin şikayet ettiği konuda haklılık payı varsa, onu değiştirmeye söz vermeli. Eğer şikayet konusunda haklılık yoksa, anne sevgiyle yumuşatılmalı, durum saygılı bir üslupla açıklanıp, anne ikna edilmeye çalışılmalı.

MUTLU EVLİLİK MUTLU YUVA

Mesela bir oğulun annesine şöyle söylemesi uygundur.

"-Anneciğim, gelinin hakkındaki her şikayetini bana bildir. Allah'ın izniyle, seni üzen her şeyi düzeltirim. Ama bunları başkalarına anlatma. Çünkü başkalarının bilmesinden yarar değil, zarar çıkar. Dedikodusu yapılmış bir eksikliği düzeltmek zorlaşır.

> **Gelin-kaynana kavgasında, kocaya düşen görev, tarafsızlıktır. Tarafsıza düşen görev ise, iki taraf arasında arabulucuk ve kaynaştırıcılık yapmaktır.**

Biliyorsun, gelinin genç ve tecrübesiz... Ne olur, hatırım için onu idare et, kırmamaya çalış..."

3- Bir bey, annesi hakkında eşinden duyduğu olumsuz ve kırıcı sözleri, annesine taşımamalıdır. Annesinin eşi hakkındaki olumsuz sözlerini de eşine söylememeli. Her iki tarafı da sakinleştirici bir üslup kullanmalıdır. Mesela, annesine şu mealde konuşabilir:

"-Sen benim annemsin, başımın tacısın. Hiç bir kimse, beni senden ayıramaz. Gelinin de dahil olmak üzere, hiç kimsenin hatırı için, sana sevgisizlik, saygısızlık gösteremem.

Ancak, gelinin genç ve tecrübesiz. Senin ona da annelik yapmanı ve yardımcı olmanı istiyorum."

Eşini sakinleştirmek için de şöyle söyleyebilir:

"-Hiç bir proplem, seninle aramızı bozamaz. Hiç bir sebeb, beni senden koparamaz. Sevgimizi hiç bir güç engelleyemez.

Fakat, biliyorsun ki annem yaşlı (hasta) ve hassas bir insan. Bu sebeble, bilerek bilmeyerek, zaman zaman biraz kırıcı olabiliyor. Ne olur, onu benim hatırım için idare et."

Gelin-kaynana kavgasında, beyin görevi, sadece yatıştırmak ve sakinleştirmek olmalıdır.

> **Gelin-kaynana kavgasında, beyin görevi, sadece yatıştırmak ve sakinleştirmek olmalıdır.**

4- Gelin ile kaynana arasında muhabbet oluşturmak, ya da mevcut sevgiyi çoğaltmak için, uygun ortamlar hazırlamalıdır. Mesela, zaman zaman bir sofra etrafında buluşmak faydalı olur. Birlikte gezmek, piknik yapmak, hacca ya da umreye gitmek, muhabbeti artıran vesilelerdir.

5- Bir bey, kayınvalidesine ve kayınpederine sevgi ve saygı gösterirse, eşi de, kendi anne-babası için aynısını yapacaktır. Çünkü en etkili tavsiye, istediği şeyi bizzat uygulamaktır.

Bazı vesilelerle, kayınpederleri ve kayınvalideleri bir araya getirmek de, kavgaları önleyici bir rol oynayabilir.

6- Bir bey, kayınpederine veya kayınvalidesine, kızlarından eş olarak çok memnun olduğunu söylese, sonra da, böyle bir evlat yetiştirdikleri için onlara teşekkür etse ne olur?

Böyle bir güzelliği ve iltifatı yaşamış olan hanım, gelip kayınvalidesiyle kavga edebilir mi?

7- Bir bey, annesine karşı eşini yumuşatmak ve daha anlayışlı hale getirmek için, bu konudaki kitaplardan, sohbetlerden ve diğer belgelerden yararlanmalıdır.

Çünkü, çoğu zaman, eşin eşe söylemesinden çok, başka bir kaynaktan dinlemek daha tesirli olmaktadır.

8- Gelin-kaynana kavgasından uzak, huzurlu bir sevgi ortamı kurmuş ailelerle tanışmak, buluşmak, konuşmak da etkileyici olur. Beylere düşen önemli bir görev de, bu tür ortamları sağlamaktır.

KAYINVALİDEM OLUR MUSUNUZ?

Çok itici ve ürkütücü bir isim haline gelen KAYNANA'yı, sözlüklerden, zihinlerden ve dilimizden çıkarıp atalım. Kaynanalar, artık KAYINVALİDE'ye dönüşsünler. Yani, ikinci bir anne olarak kabul edilip, başımızın tacı haline gelsinler.

O hanımefendiler, öyle sevilsinler, öyle sayılsınlar, öyle gıpta edilen örnek insanlar olsunlar ki; genç kızlar, ya da genç oğullar, sırf onlara evlat olma heyecanıyla hemen teklif etsinler:

"-Kayınvalidem olur musunuz?"

"-Beni de evlatlarınızın arasına katar mısınız?"

"-Sizin terbiyenizle yetişmiş hanımefendinin eşim olmasına izin verir misiniz?"

Daha baştan böyle bir hürmet makamını kazanan kayınvalide, hem kendisini, hem de gelinini, ya da damadını mutlu edecektir.

Bu itibarı kazanan kayınvalidenin artık ne damadı, ne de gelini olur. Zira gelini kızı haline gelir, damadı da oğlu... Dolayısıyla mutluluk hayatın her anını mayalamıştır.

Bu güzelliği yakalamayan kayınvalideler, kaynana olarak kalıyorlar. Onlar için de hoş şeyler söylenmiyor. Pazar esnafı bile, malının kalitesini isbat etmek için, "Kaynanam ölsün ki!.. " diye garanti veriyor.

BİZ EVLENİYORUZ

> Kızlarımızı yetiştirirken, korkunç kaynana hikayeleriyle onların kafalarını karıştırmayalım. Tam tersine, onlara güzel kayınvalide-gelin örnekleri anlatalım.

"-Dünyanın en mutlu evliliğini kim yapmıştır?" sorusuna, Nasreddin Hoca'mız; "Hz. Adem ile Hz. Havva" diye cevap veriyor. Gerekçesini de şöyle açıklıyor:

"-Çünkü onların kaynanaları yoktu!"

Ve gençler, gördüklerinden, duyduklarından hareketle, kayınvalidesiz bir yuvayı ideal haline getiriyorlar.

Yazık olmuyor mu?

İkinci bir annenin şefkati, göz göre göre kaybediliyor.

Sonra da, kocaman evlerde bile kayınvalidelere yer bulunamıyor; onları huzur evlerinin huzursuz ortamlarına emanet ediyoruz.

Oysa ki, onların şefkatli sinesine, duasına, tecrübesine, çocuklarımızın eğitimine yapacakları katkıya ne kadar ihtiyacımız vardır.

Dışlanan ve taşlanan kaynanalar, büyük bir insan israfıdır. O halde, o hanımefendiler gerçekten anne olmalı, gelinleri de öz kızları gibi davranmalı... Damat da evlatlaşmalı. Yani herkes birlikte kazanmalı mutluluğu. Toplum da hepsini birden kazanmalı. Geleceğimizin, kansız, kinsiz, hasetsiz olması için buna çok muhtacız.

Bunun için, bilhassa kızlarımızı yetiştirirken, korkunç kaynana hikayeleriyle onların kafalarını karıştırmayalım. Tam tersine, onlara güzel kayınvalide-gelin örnekleri anlatalım.

Hele de evlenecek olanlara, "Aman ha, kaynanana dikkat et! Yakanı kaptırma, açık verme, yanına fazla yaklaştırma!" gibi aykırı öğütler vermeyelim.

Kızımızı, gelin değil, yeni ailesinin evladı olmaya ikna edersek, en azından yanlışın yüzde ellisini düzeltmiş oluruz.

MUTLU EVLİLİK MUTLU YUVA

Kaynana da insandır. Kendisine kızı gibi yaklaşan, yakın duran bir geline, bir iki dirense bile, sonunda "Kızım" diyecektir. Kaldı ki, kızımız, kayınvalidesine hiç bir türlü yaranamasa bile, çabası boşa gitmeyecek, eşinin gönlünü, Rabbi'nin de sevabını kazanmış olacaktır.

Şunu açıkça ifade edelim ki, kaynanaların büyük bir bölümü, iyi ve uygun bir yaklaşımla, kayınvalide haline gelecektir.

Kayınvalideler için söylediklerimizi, kayınpederler için de aynen tekrarlayabiliriz.

Dünyaya barış getirmenin yolu evlere barış getirmekten geçer. Evlere barış getirmenin yolu, eşler arasına barış getirmekten geçer. Eşler arasına barış getirmenin yolu da, eşlerin anne ve babalarıyla kurulacak bir sevgi iletişimine bağlıdır.

Bu gerçekten dolayı, bir kızımız, ya da oğlumuz, kayınvalidesine, "Anneciğim" derken, aslında insanlık çapında bir görev yaptığına inanmalıdır.

Kayınvalide de aynı duygulara geldiğinde, barışa giden ilk ve fakat en önemli adım atılmış demektir. Bu sebeble, ben kayınvalidesiyle sağlam bir sevgi iletişimi kurabilmiş gelin, ya da damatları, barış kahramanları olarak görüyorum.

Bazan bu iyi örnekleri, büyük bir zevkle tanıyorum. Bir defasında, Eyüb Sultan'daki kitap fuarına bir genç kızla, yaşlı bir hanımefendi gelmişti. Ancak bu öyle bir gelişti ki, doğrusu görmeye değerdi. Çünkü, birbirlerine sımsıkı sarılmışlardı. Benimle konuşurken bile elleri birbirlerinden çözülmemişti. Seçtikleri kitabı onlara imzaladım ve takdirlerimi bildirmekten de kendimi alamadım:

"-Galiba, arkadaşlaşmış bir anne-kız örneğiyle karşı karşıyayım..."

Genç kız gülümsedi ve "Evet, aynen öyledir, annem bir tanedir, arkadaşım, sırdaşım, yardımcım, kısacası, herşeyimdir" dedi. Ben de her ikisini candan tebrik ettim ve dedim ki:

"-Allah, bütün kızları anneleriyle böylesine dost etsin."

Anne-kız biraz uzaklaşmışlardı ki, genç kız tekrar dönüp geldi ve açıklamasıyla beni müthiş heyecanladırdı:

"-Hocam, sizi daha çok sevindirmek için açıklayacağım; bu hanımefendi aslında benim kayınvalidemdir."

Bu açıklamaya tabii ki daha çok sevindim. Tekrar tebrik ve takdirlerimi bildirdim ve büyük bir hayranlıkla arkalarından bakakaldım. İmkanım olsa, onlara dünyanın en kıymetli barış ve sevgi madalyasını takmak isterdim.

Sevgili gelin hanımlar! Bunu bir kızımız başardıysa, siz niçin başaramayasınız ki?

Muhterem kayınvalideler! Bu muhabbeti bir hanımefendi kurabildiyse geliniyle, siz niçin kuramayasınız ki?

Lütfen deneyin, bir daha, bir daha, bir daha... Umuyorum ki emeğiniz boşa gitmeyecektir. Ve sevgi dolu yüreğinizi farkeden gençler, eminim şöyle düşüneceklerdir:

"-Keşke bu hanımefendi benim kayınvalidem olsaydı?"

Daha da ötesi, varsa eğitiminizden geçmiş bir hanımefendi kızınız, ya da beyefendi oğlunuz, açıkça söyleyebilsinler:

"-Beni de evlatlarınızın arasına alır mısınız?

Kayınvalidem, ikinci annem olur musunuz?"

EV HANIMI ÇALIŞMALI MI?

Kadın, elbette çalışmalıdır. Ancak evli bir kadının en önemli işi, ailesi, çoluk çocuğu ve evidir.

Her ev hanımı, eşini ve çocuğunu idare edecek kadar eğitimci olmalıdır. Ev hanımlığını hakkıyla yapan bir kadın, başka işlere zor zaman ayırır.

Bu sebeble, ideal olan; zaruri bir ihtiyacı olmayan ev hanımı, başka bir işte çalışmamalıdır. Zaten, İslam'a göre, evin geçiminden sorumlu olan kocadır.

Kadının evinde tutumlu yaşaması, ailenin geçimini kolaylaştıran önemli bir unsurdur. Savurgan ve tutumsuz bir kadın, maddi geçimi ne kadar zorlaştırırsa, tutumlu olan becerikli hanımlar da o kadar kolaylık ve ferahlık sağlarlar.

Kocasının geliri kafi gelmiyorsa, ev hanımı elbette çalışmalıdır. Fakat ilk tercih edilen iş, evde yapılacak bir çalışma olmalıdır. Evde yapılacak bir iş bulamıyorsa, güvenilir ve dürüst bir iş ortamı aramalıdır.

Eğer mutlaka çalışacaksa, iş hayatı, kadını çok yormamalıdır... Evine, eşine ve çocuğuna zaman bırakacak cinsten olmalı. Zira, kadının asli işi, aile yuvasının saadeti ve çocuk bakımıdır. Bu hususta kadının bıraktığı boşluğu, kocası da dahil olmak üzere, hiç kimse dolduramaz.

Çalışan kadın, hem iş yerinde, hem de evde yorulur. Çünkü genellikle ciddi bir iş bölümü yapılamıyor. Yemek, çamaşır, çocuk bakımı gibi ağır ve rutin işler yine kadınların omuzunda kalıyor.

Bu sebeble, bir hanımın ev dışında, ağır ve yoğun bir iş hayatı olmaması tercih edilmelidir.

Çünkü, bir ev hanımı zaten ağır ve zor bir görev yapmaktadır. Ancak, hanımlar bile çoğu zaman bunun farkında değildir.

> Bir çok proğramım sırasında hanımlara sorarım:
>
> "-Çalışıyor musunuz?"
>
> Hemen cevap verirler:
>
> "-Hayır çalışmıyorum, ev hanımıyım."
>
> Ben de derim ki:
>
> "-Eğer gerçekten ev hanımıysanız, asıl çalışan sizsiniz..."

Ev hanımları niçin, "Çalışmıyorum, ev hanımıyım" diyorlar. Çünkü, bu düşünce onlara dışarıdan dayatılıyor. Dış dünya, basın, eğitim kurumları, hepsi birden şöyle diyor:

-Eğer ev dışında bir işin yoksa, eksiksin. Bu çağa uygun mükemmel hanımlar, mutlaka ev dışında itibarlı bir iş sahibi olanlardır."

Elbette hanımların bir iş ve meslek sahibi olması iyidir. Ancak bu işi, kocasına güvenememekten kaynaklanan bir tedbir olarak yapıyorsa, ne acıdır. Böyle bir güvensizliğin kadına yaşattığı acıyı, hangi kazanç giderebilir?

Eğer kadın, herhangi bir zorunluluk yüzünden çalışmak isterse, kadına uygun işleri seçmelidir. Mesela eğitim, sağlık ve dini hizmetler sahası, kadınlar için en uygun olan alanlardır denilebilir.

MUTLU EVLİLİK MUTLU YUVA

Bir ev hanımı, kocasının dert ortağı ve moral hocasıdır. Bundan dolayı, "Her başarılı erkeğin arkasında, bir kadın vardır" denilir. Erkek, her dönüp baktığında sevgiyle gülümseyen bir yüz, şefkatle açılmış bir gönül görüyorsa, bu söz çok doğrudur.

Ancak, bilinmelidir ki, her başı ağrılı erkeğin arkasında da bir kadın bulunmaktadır.

> Kadın, herhangi bir zorunluluk yüzünden çalışmak isterse, kadına uygun işleri seçmelidir. Mesela eğitim, sağlık ve dini hizmetler sahası, kadınlar için en uygun olan alanlardır denilebilir.

Erkekteki bu baş ağrısı, genellikle iki sebebten doğar:

1- Erkek ihtiyaç duyup baktığında, eşini göremez. Çünkü kadın, zor yetiştirdiği işlerin ağır yükü altında ezilmiş ve görünecek hali kalmamıştır.

2- Erkek, ihtiyaç duyup baktığında, eşini görür. Ancak eşi de kendisi gibi yorgun olduğu için, asılmış bir yüz, gerilmiş sinirler ve patlamaya hazır bir bomba gibidir.

Oysa ki hanımefendi, çocuklarının ilk ve öncelikli sevgi öğretmenidir.

Evini, maddi açıdan en ucuz ve kaliteli; manevi açıdan da en rahat ve huzurlu yöneten bir sultandır.

Bu gerçekleri gören ve özleyen Batılı hanımların %70'i, ev hayatını iş hayatına tercih edeceklerini söylemektedir. Zira kadının narin, nazik ve hassas yapısı, iş hayatının kaba, hoyrat ve haşin yıpratıcılığından daha fazla etkilenip yıpranmaktadır.

Bu gerçek sebebiyle, kadın çalışmak zorundaysa, ona iş ortamında da evin sıcaklığını, rahatlığını ve huzurunu sağlamalıdır.

Zor ekonomik şartlar geçince de, kadın hemen evine dönüp, iş hayatını bırakmalı; kendini hiç bir erkeğin hakkıyla yapamayacağı ev işlerine ve çocuklarına adamalıdır.

Ancak kızlarımız, erkeklerin güvenilmez hale gelişleri yüzünden, "Ne olur ne olmaz, geçim zorluğu çekmeyelim" diye, bir meslek sahibi olmayı tercih ediyorlar. İyi de ediyorlar. Zira gerçekten de güvensiz bir dünyada yaşamaktayız. Fakat, meslek sahibi hanımlar için iş yerlerinin daha da güvensiz ve sağlıksız olduğunu da unutmamak gerekir. Bu yüzden kızlarımız, gönül huzuru içinde çalışacakları meslekleri seçmelidirler.

25 YIL ÖNCESİ

Adam eve gelir gelmez yemeğe oturmuştu. Birden bağırmaya başladı:

– Bu ne rezalet hanım! Çorbadan saç çıktı.

Hanımı umursamadan konuştu:

– N'olmuş yani! 25 yıl öncesini hatırlasana!

– Nesini hatırlayacakmışım?

– Nesini olacak, o zaman saçlarıma bayıldığını söyler dururdun ya!...

EVLENME KORKUSU

Evlenmek için bir türlü karar veremiyordu delikanlı. Bunun nedenini arkadaşlarına şöyle açıklamıştı:

– Beni evlenmekten korkutan; başka bir ağzı doyurmak değil, başka bir ağzı dinlemek zorunda kalmak...

HANIMLARIN HOŞLANMADIĞI ÜÇ ŞEY

1- Acımasız ve Toptancı Eleştiriler

Bazı beyler, sinirlenince eleştirinin dozunu kaçırırlar. Bu hususta yapılan üç büyük yanlış vardır:

a) Sesini yükseltmek, bağırmak, hatta çığlık çığlığa haykırmak. Oysa ki bağırarak konuşmak sözünüzün tesirini artırmaz. Tam tersine, aradaki sevgi, saygı iletişimini koparır.

b) Eleştiride haksız ve insafsız bir üslup kullanmak, suçlamak, itham etmek, aşağılamak.

"Beceriksizsin!

Bu işten hiç anlamıyorsun!

Senin gibi biri ne işe yarar!"

Bu türlü konuşmalar, hiç bir çözüm getirmediği gibi, yeni proplemler doğurur. En kötüsü de eşiniz size soğur, sevgisini kaybeder.

c) Hataları genellemek. Yapılan bir hatayı, sanki her gün tekrarlanıyormuş saymak.

"Sen hep böylesin!"

"Her fırsatta yaptın bunu!"

"Sen bunu ilk günümüzden beri yapıyorsun!" demek...

Peki ne yapmalı?

"-Beni çok kırıyorsun, hiç vicdanın mı yok mu?" yerine, "Bu tavrından dolayı cok üzülüyorum. Hiç beklemediğim bu halin, bana hayal kırıklığı yaşatıyor" gibi bir üslup kullanmalı.

Yumuşak ve sakin bir ses tonuyla içten konuşmalı. Konuşarak eşini suçlamak değil, kırgınlığa bir çözüm bulmak istediğini vurgulamalı.

Çok önemli bir husus da, yapılan hatayı asla genellememeli, abartmamalı...

2- Eşinin Düşüncesini Okumak ve Dolayısıyla da Yargısız İnfaz Yapmak

"-İnsanlar konuşa konuşa, hayvanlar koklaşa koklaşa" anlaşırmış. Ancak konuşamayan insanlar da, düşünceleri okumaya çalışırlar.

"Sen şimdi garanti şöyle düşünüyorsun!" derler.

Eşlerinin bir takım tavır ve hareketlerinden mana çıkarmaya çalışırlar.

Açık ve net bir konuşma ortamı olmayınca, eşler birbiri hakkında kehanete başvururlar ve tahminlerini kesin bilgilermiş gibi kabul ederler.

Oysa ki, insanın içini kesin olarak bilen ancak Allah'tır.

"Sen bu hareketinle şöyle demek istedin" diyen eş, kendini düşünce okuma uzmanı sanıyor olmalı. Bu uzmanlık (!) çok tehlikelidir. Çünkü onu, yargısız infaza götürür.

Eşinin söylemediklerini de ondan kesin olarak duymuş gibi davranır. Zaten kendi düşüncesini de bilmektedir. Böylece iki tarafı da bilen biri olarak, eşini yargılar, hükmünü verir.

Böylece, hem kendi adına, hem eşi adına konuşmuş, hem de kendisini tarafsız bir hakim yerine koyup, kararını vermiştir. Yapılan bu iş, garip bir yargısız infazdır. Yani haksızlık, insafsızlık ve akılsızlıktır. Dolayısıyla da, kazandırdığı hiç bir şey yoktur. Kaybettirdiği ise, eşinin kalbidir.

3-Hep Kendini Haklı Görmek

Beylerin sıkca yaptığı hata, kendilerine hiç toz kondurmamak, bütün hatayı eşinde görmektir.

"Kavgaları hep sen başlattın!"

"Bu sorunların tümü senden kaynaklanıyor!"

Bu tür yaklaşımlar akla ve mantığa da aykırıdır. Hatalı bir davranış, mutlaka, iki kişiden kaynaklanıyordur. Bir eşin melek olduğu yerde, öteki Şeytan olabilir mi?

Ancak, çözüm hatanın kimden kaynaklandığını aramakla bulunamaz. Hangi eşin hata payı daha çok diye düşünmek, çözümden uzaklaşmak demektir. Çünkü, "Suç samur kürk olsa da, kimse giymek istemez."

Maksat bağcıyı dövmek değil de üzüm yemek ise, hatayı önce kendimizde aramak gerekiyor.

Önce, "Ben nerede hata yaptım?" demek, çözüme giden en isabetli yoldur. Hatta bir erkek, kendisinin nerede hata yaptığını eşine sorabiliyorsa, sıkıntıyı en kestirme yoldan halledecek demektir.

Tabii ki böyle bir durumda kadına düşen görev, bu anlayışı tebrik etmek ve daha derin bir anlayışla karşılamaktır.

Hatasını itiraf edip özür dilemek, erkeği gözden düşürür mü?

Bu korku yersizdir. Özür dileyen insan, kendi kalitesini göstermiş ve konumunu daha da yüceltmiştir.

BİZ EVLENİYORUZ

> Hep kendisini üste çıkaran ve haklı gören bu üslup yanlıştır. Çünkü çoğu zaman, ancak düzelmişi tekrar bozmaya yarar.

Üstelik eşine de, hata yaptığında nasıl davranacağını göstermiş olur.

Eğer bir kadın, hatasını itiraf eden eşini küçümsemeye kalkarsa, büyük bir akılsızlık yapmış, eline geçen mutluluk fırsatını da tepmiş olur.

Bazı erkekler de kendisini doktor yerine koyup, hemen teşhis ve tedaviye girişirler. Bu da kendisini hatasız görmenin bir başka yoludur.

"Sen, hastasın. Şöyle yaparsan, durumun düzelir."

"Ben senin sıkıntının sebebini biliyorum. Doktora ihtiyaç yok. Beni dinle, iyileşirsin"

Bu tür sözlerin de hiç bir iyileştirici etkisi yoktur. Çünkü, kendisini olayın dışında tutarak, sıkıntının kaynağını tamamiyle eşinde görmektedir.

Anacığım bu gibi durumlarda, "Yunup, arınıp rafa çıkma!" der.

Kısacası, kendisini iyi bir terapist, eşini de müzmin bir hasta olarak görmek, hanımları çok kızdırır ve gerçekten hasta eder.

Beyler bazan da, olumlu bir değişiklik yapan eşini, tekrar zıvanadan çıkarırlar. Mesela, ruhi durumunu düzeltmiş ve şifa bulmuş olan eşine şöyle der:

"-Bak, ben bunları sana yıllardır söylüyorum. Ama beni dinlemedin. Sonunda yine dediğime geldin."

Hep kendisini üste çıkaran ve haklı gören bu üslup yanlıştır. Çünkü çoğu zaman, ancak düzelmişi tekrar bozmaya yarar.

Kendini değiştirmiş ve düzeltmiş olan bir eşe, beyi şu üslupta konuşmalıdır:

"-Bu başarından dolayı çok mutluyum. Zor olan bir şeyi başardın. Sevincimi tahmin edemezsin.

Umuyorum ki, artık senin başaramayacağın güzel değişiklik yoktur. Bana da kendimi değiştirmem hususunda yardımcı ol. Hayatımızı daha da kaliteli hale getirelim. Nelerimizi değiştirebileceğimize bir an önce karar verelim..."

Bu üslup yapıcı ve faydalıdır. Çünkü içinde, hep kendini haklı gören BEN izi yoktur. Tam tersine, sevgiyle birleşmenin yansıması olan, BİZ güzelliği vardır.

KADIN DIRDIRI

– Yahu hatun, şu bizim komşu çarıklı Mehmet Ağa'nın adı neydi?
– Aman efendi, kendi ağzınla Mehmet Ağa diyorsun ya!
– Canım karıştırdım, ne iş yaptığını soracaktım.
– Efendi! Garipleştin gene, çarıkçı demedin mi?
– Hay Allah! Nerede oturduğunu soracaktım.
– Efendi, sen adamı deli edersin, komşumuz dedin ya!?
– Of be! Karı dırdırı dedikleri şey buymuş meğer, seninle de bir çift lâf edilmez ki!

KAŞIN GÖREVİ

Şinasi'ye dostlarından biri akla gelmedik bir soru sormuş:
– Üstat! Yüzlerimizdeki organların her birinin önemli görevleri var. Kulak işitir, göz görür, burun koku alır vs. Acaba kaşların görevi nedir?"
Şinasi, bu soruya kaşlarını çatarak cevap vermiş:
– Kadının kaşı hançer, erkeğinki ise ona karşı siperdir. Kadın hançerini çekince, erkek denilen çaresiz savaşçı da, işte o siperleri çatıp kalkan gibi kullanır."

MUTLU OLMAK İÇİN HANIMLAR NE YAPMALI?

Bu hususta çok şey söylenebilir. Ancak ben bu sözleri, etkili olsun diye, bir Batılı hatuna, M. Morgan'a söyleteceğim. O hemcinslerine şöyle diyor:

"-Kocanıza illa kendi fikirlerinizi kabul ettirmek için uğraşmayın. Susmasını bilirseniz, kendiliğinden razı olabilir. Son sözü, bırakınız kocanız söylesin.

İnatçılıkla, hem kaybedersiniz, hem de huzursuz olursunuz. Evlilik bir krallığa benzer. Kocanız kral, siz de kraliçesiniz."

M. Morgan, bu tavsiyelerini, şu örnekle açıklıyor:

Ünlü bir futbolcunun eşi ona gelmiş ve kocasından dertlenmiş. "Kocam beni sevmiyor. Bu sebeble de ihmal ediyor" demiş ağlayarak...

Bu kadına, "Yaşantını kocanınkine uydur" tavsiyesinde bulunmuş.

"-Eşi ünlü bir futbolcuydu. Tabii ki onu futboldan vazgeçirmesini ve bu hususta tehdit etmesini tavsiye edemezdim" diyor.

Bu tavsiye önce kadının hoşuna gitmemiş ama, sonra da çaresiz kaldığı için, uygulamış.

Aradan iki sene geçmiş. Futbolcunun eşi, sevinçten

uçuyormuş. Çünkü kocası şöyle diyormuş:

"-Şimdi seni öyle seviyorum ki, istersen futbolu bile bırakabilirim."

İki yıl içinde alınan bu güzel sonucun sırrı, yaşantısını kocasına uydurmakta saklıdır.

Bu metod ile, ben kocalarını kötü alışkanlıklardan kurtaran nice hanım tanıdım.

* * *

Sayın Morgan, kendi yaşadıklarından hareketle şu tavsiyeleri yapar:

"-Sanırım, evlilikte en büyük mesele, kadının ve erkeğin kişiliklerinin, ya da görüşlerinin çatışmasından doğan uyuşmazlık halidir.

Mesela, kocanız yorgun bir iş gününün sonunda, eve döndü diyelim. Yemeği dışarda yeme fikriyle karşısına dikilmeniz, onu sevindirecek yerde tedirgin eder.

Ya da kısıtlı paranız olduğunu düşünelim. Siz, alış veriş yapmak için diretiyorsunuz, eşiniz de maça gitmek için... Böyle bir durumda, tek çözüm yolu, ancak, iki taraftan birinin isteğinden vazgeçmesi olabilir.

Kızmayın ama, bence fedakarlıkta bulunması gereken, erkek değil, kadındır.

"-Ama bu haksızlık" diye karşı çıkanlarınız olacak bana. Ya da, "Önce o bana uysun, ben de karşılığında onu memnun edeyim" diyeceksiniz.

Söyler misiniz kuzum, kim evlenmeye zorladı sizi sevdiğiniz erkekle? O'nun eşi olmak için can atan siz değil miydiniz? O halde neden kendinizi eşinize uydurmaya çalışmıyorsunuz?

Sakın yanlış anlamayın beni, burada erkeklerin üstünlüğünü tartışıyor değilim. Ama inanın, kocanızın

BİZ EVLENİYORUZ

önderliğinde yaşamak, sizin de hoşunuza gidecektir.

Evlilik bir krallığa benzer, sevgili hanımlar. Koca, kral; kadın da kraliçedir. Gerçi son söz, daima kralındır, ama kraliçe de nerede söz sahibi olduğunu pekala bilir. Kralı etkilemek onun elindedir.

İyi ama, ya kral yanlış hüküm verirse?

Ben de, dizginleri tümüyle kocama terkedip etmeme konusunda kuşkuluydum bir zamanlar. Ama tecrübelerim bana erkeklerin, bir çene makinesi, ya da bir paspas değil de, akıl danışıp sığınabileceği bir dost aradığını öğretti.

Bu sebeble, kendimi kocama uydurmaya çalışmakta bir sakınca görmedim. Hatırlıyorum da, bir keresinde, yılın düğünüyle, yılın maçı aynı güne gelmişti. Tabii, kocam maça gitmek istiyordu, ben de düğüne. Çok yalvardım ama, kocam Nuh diyor, peygamber demiyordu.

Sonunda boyun eğip sustum. Ve koçam maçı izleyen iki hafta boyunca, beni nasıl memnun edeceğini bilemedi.

Bir keresinde aksilik edip, direnecek oldum. Tatilimizin son günüydü. Dostlarımız, bizi bir motor gezintisine davet etmişti. Oysa benim canım, havuzun kenarına oturup, miskin miskin güneş banyosu yapmak istiyordu.

Evet, sonunda ben kazandım ama, sandığım kadar da zevk almadım yaptığım işten. Üstelik, kocamı üzdüğüm için de vicdan azabı çekiyordum. O da bana günlerce surat asıp, yaptığımı burnumdan getirdi zaten."